Testament de M. Meeson

Testament de M. Meeson

Writat

Cette édition parue en 2024

ISBN : 9789359944685

Publié par
Writat
email : info@writat.com

Contenu

CHAPITRE I.
AUGUSTA ET SON ÉDITEUR.

Tous ceux qui ont un lien avec Birmingham connaissent le vaste établissement d'édition encore connu sous le titre abrégé de « Meeson's », qui est peut-être l'institution de ce genre la plus remarquable en Europe. Il y a – ou plutôt il y avait, à la date du début de cette histoire – trois associés chez Meeson : Meeson lui-même, l'associé directeur ; M. Addison et M. Roscoe — et les gens de Birmingham avaient l'habitude de dire qu'il y avait d'autres personnes intéressées par l'affaire, car Meeson's était une « société » (à responsabilité limitée).

Quoi qu'il en soit, Meeson and Co. était sans aucun doute une merveille commerciale. Elle employait plus de deux mille ouvriers ; et ses ouvrages, entièrement éclairés par la lumière électrique, couvrent deux acres et quart de terrain. Cent voyageurs de commerce , moyennant trois livres par semaine et une commission, allaient de l'est à l'ouest, du nord au sud, pour vendre les livres de Meeson (qui étaient en grande partie de nature religieuse) dans tous les pays ; et vingt-cinq auteurs apprivoisés (illustrés par treize artistes apprivoisés) étaient assis – avec des salaires allant de un à cinq cents par an – dans des clapiers en forme de coffre-fort au sous-sol, et semaine après semaine, ils versaient leur travail de chapeau pour lequel celui de Meeson était à juste titre célèbre. Ensuite, il y avait des rédacteurs et des vice-rédacteurs, et des chefs des différents départements, et des sous-chefs, et des secrétaires financiers, et des lecteurs, et de nombreux directeurs ; mais personne ne savait quels étaient leurs noms, car chez Meeson, tous les employés de la grande maison étaient connus par des numéros ; les personnalités et la responsabilité personnelle étant l'abomination de l'entreprise. Il n'était pas non plus permis à quiconque ayant affaire à ces objets de voir deux fois le même numéro, sans doute de peur que le numéro ne se souvienne qu'il était un homme et un frère, et que son cœur ne fonde envers les malheureux et les intérêts financiers de Meeson devrait souffrir. En bref, Meeson's était un établissement créé et consacré à gagner de l'argent, et ce fait était soigneusement et même insolemment tenu sous les yeux de tous ceux qui y étaient liés - ce qui était, bien sûr, comme il se doit, dans cet heureux pays de Commerce. Après tout ce qui a été écrit, le lecteur ne sera pas surpris d'apprendre que les partenaires de Meeson étaient riches au-delà des rêves d'avarice. Leurs palais auraient été une merveille même dans l'ancienne Babylone et auraient suscité l'admiration aux jours les plus corrompus et les plus luxueux de Rome. Où pourrait-on voir de tels chevaux, de telles voitures, de telles galeries de sculptures ou de telles collections de pierres précieuses coûteuses que dans les salles somptueuses de MM. Meeson, Addison et Roscoe ?

« Et penser », comme dirait le puissant Meeson lui-même, d'un geste noble de la main droite, à quelque misérable étonné d'un auteur qu'il a choisi d'accabler de la vue de cette magnificence, « penser que tout cela vient sorti de la cervelle de types comme vous ! Eh bien, jeune homme, je vous dis que si l'on additionnait tout l'argent qu'on vous a payé, à vous les gribouilleurs, depuis le temps d'Élisabeth, il ne rentrerait pas dans ma petite pile ; mais, remarquez bien, ce n'est pas tant la fiction qui a fait l'affaire, c'est la religion. C'est une piété comme récompense, surtout quand c'est imprimé.

Alors le jeune homme inexpérimenté s'en allait, le cœur trop plein pour parler, mais réfléchissant à la façon dont ces choses se passaient, et peu à peu il passait dans le creuset de Meeson et apprenait quelque chose à ce sujet.

Un jour, le roi Meeson était assis dans son comptoir, comptant son argent ou, du moins, feuilletant les livres de l'entreprise. Il était de très mauvaise humeur, et ses sourcils épais étaient plissés de manière à faire trembler les commis du comptoir sur leurs tabourets. Meeson's possédait une succursale à Sydney, en Australie, qui, jusqu'à récemment, payait — pas aussi bien, il est vrai, que la succursale anglaise, mais néanmoins quinze ou vingt pour cent. Mais maintenant, un prodige s'était produit. Une grande maison d'édition américaine avait fondé une maison d'opposition à Melbourne, et leur « gentillesse » était bien plus que la « gentillesse » de Meeson. Meeson a-t-il publié une édition des œuvres d'un auteur standard à trois pence le volume, la société d'opposition a publié le même ouvrage à deux pence et demi ; Meeson a-t-il subventionné un journal pour vanter ses engagements, la société d'opposition en a-t-elle subventionné deux pour les dénigrer, et ainsi de suite. Et maintenant, les résultats de tout cela devenaient évidents : pour l'exercice qui venait de se terminer, la succursale australienne avait à peine gagné un maigre dividende net de sept pour cent.

Il n'est pas étonnant que M. Meeson soit furieux, et il n'est pas étonnant que les employés tremblent sur leurs tabourets.

"Cela doit être examiné dans le cadre du numéro 3", a déclaré M. Meeson, en abattant avec fracas le bilan.

Le n° 3 était l'un des rédacteurs ; un petit homme aux yeux doux et aux lunettes bleues. Il avait été autrefois un écrivain prometteur ; mais d'une manière ou d'une autre, Meeson's l'avait récupéré et en avait fait un hack d'éditeur.

"Tout à fait, Monsieur," dit-il humblement. « C'est très mauvais — c'est épouvantable de penser que Meeson tombe à sept pour cent... sept pour cent ! et il leva les mains.

« Ne restez pas là comme un cochon coincé, n° 3 », dit farouchement M. Meeson ; "mais suggère quelque chose."

«Eh bien, monsieur», dit le numéro 3 plus humblement que jamais, car il avait terriblement peur de son employeur ; "Je pense peut-être que quelqu'un ferait mieux d'aller en Australie et de voir ce qui peut être fait."

« Je sais une chose qui peut être faite », a déclaré M. Meeson avec un grognement : « tous ces imbéciles là-bas peuvent être licenciés, et ils le seront ; et en plus, j'irai les licencier moi-même. Cela fera le numéro 3 ; cela fera l'affaire ; » et le numéro 3 partit, et il était assez heureux de pouvoir partir.

Pendant qu'il partait, un commis arriva et remit une carte au grand homme.

« Miss Augusta Smithers », lut-il ; puis, avec un grognement, « faites entrer Miss Augusta Smithers ».

Bientôt, Miss Augusta Smithers arriva. C'était une grande et bien faite jeune femme d'environ vingt-cinq ans, avec de jolis cheveux dorés, des yeux gris profonds, un front fin et une bouche délicate ; Mais tout à l'heure, elle avait l'air très nerveuse.

"Eh bien, Miss Smithers, qu'y a-t-il ?" » a demandé l'éditeur.

"Je suis venu, M. Meeson, je suis venu pour mon livre."

« Votre livre, Miss Smithers ? c'était une affectation d'oubli ; « laissez-moi voir ? — pardonnez-moi, mais nous publions tellement de livres. Oh, oui, je m'en souviens ; «Le vœu de Jemima.» Oh, eh bien, je pense que ça se passe plutôt bien.

"J'ai vu que vous aviez annoncé le seizième mille l'autre jour", s'excusa Miss Smithers.

« Est-ce que nous… avons-nous fait ? ah, alors, vous en savez plus que moi, » et il regarda son visiteur d'une manière qui indiquait assez clairement qu'il considérait que l'entretien était terminé.

Miss Smithers se leva, puis, avec un effort spasmodique, se rassit. " Le fait est, M. Meeson, " dit-elle , " Le fait est que, j'ai pensé que, peut-être, comme " Le Vœu de Jemima " avait été un si grand succès, vous pourriez, peut-être... en bref, vous pourriez être enclin à pour me donner une petite somme en plus de ce que j'ai reçu.

M. Meeson leva les yeux. Son front était ridé au point que ses sourcils hirsutes cachaient presque ses petits yeux perçants.

"Quoi!" il a dit. " *Quoi* !"

A ce moment, la porte s'ouvrit et un jeune gentleman entra lentement. C'était un très joli jeune homme, grand et bien fait , avec une peau claire et de joyeux yeux bleus - en bref, un jeune Anglais typique de la meilleure sorte. , etate suo vingt-quatre. J'ai dit qu'il entra lentement, mais cela ne traduit guère l'air d'indépendance gai et *dégagé* qui imprégnait ce jeune homme, et qui aurait certainement frappé n'importe quel observateur comme presque choquant, si on le contrastait avec l'attitude vermiforme de ceux-ci. qui se glissa aux pieds de Meeson. Ce jeune homme n'avait d'ailleurs même pas pris la peine d'ôter son chapeau collé sur la nuque, ses mains étaient dans ses poches, un sifflet sacrilège flottait à ses lèvres, et il ouvrit la porte du sanctuaire. sanctorum de l'établissement Meeson *avec un coup de pied* !

"Comment ça va, mon oncle?" dit-il à la Terreur Commerciale, qui était assis là derrière ses formidables livres, s'adressant à lui comme s'il était un homme ordinaire. "Pourquoi que se passe-t-il?"

Cependant, à ce moment-là, il aperçut la très belle jeune femme qui était assise dans le bureau, et toute son attitude subit un changement des plus remarquables ; les mains sortirent de ses poches, le chapeau s'en alla et, se retournant, il s'inclina, vraiment plutôt gentiment, compte tenu du caractère impromptu de toute la représentation.

"Qu'est-ce qu'il y a, Eustache ?" » demanda brusquement M. Meeson.

« Oh, rien, mon oncle ; rien, il ne peut rien attendre », et, sans attendre une invitation, il prit une chaise et s'assit dans une position telle qu'il pouvait voir Miss Smithers sans être vu de son oncle.

« Je disais, miss Smithers, ou plutôt j'allais dire, reprit l'aîné Meeson, qu'en bref, je ne comprends pas du tout ce que vous pouvez vouloir dire. Vous vous souviendrez que vous avez reçu une somme de cinquante livres pour les droits d'auteur de « Jemima's Vow ».

"Grands Cieux!" murmura maître Eustace, derrière ; "Qu'est-ce que tu fais !"

"A l'époque, un accord alternatif, vous offrant sept pour cent sur le prix publié du livre, vous a été soumis, et si vous l'aviez accepté, vous auriez sans doute réalisé une somme plus importante", et M. Meeson a contracté ses sourcils poilus et regardait la pauvre fille d'une manière pour le moins alarmante. Mais Augusta, bien qu'elle se sentît tristement encline à fuir, resta fidèle à ses armes, car, à vrai dire, son besoin était très grand.

«Je ne pouvais pas me permettre d'attendre les sept pour cent, M. Meeson», dit-elle humblement.

« Oh, dieux ! sept pour cent, quand il en gagne environ quarante-cinq ! murmura Eustace, au fond.

« Peut-être, miss Smithers ; peut-être;" continua le grand homme. « Vous devez vraiment me pardonner si je ne connais pas l'état exact de vos affaires privées. Je sais cependant par expérience que les questions d'argent de la plupart des écrivains sont un peu embarrassantes.

Augusta grimaça, et M. Meeson, se levant lourdement de sa chaise, se dirigea vers un grand coffre-fort qui se trouvait à proximité et en sortit un paquet d'accords. Il les regarda un par un jusqu'à ce qu'il trouve ce qu'il cherchait.

« Voici l'accord, dit-il ; "laissez-moi voir? ah, c'est bien ce que je pensais : cinquante livres de droits d'auteur, la moitié du produit des droits de traduction et une clause vous obligeant à offrir à notre maison tout travail futur que vous pourriez produire au cours des cinq prochaines années sur la base d'un accord de sept pour cent, ou une somme n'excédant pas cent livres pour le droit d'auteur. Maintenant, Miss Smithers, qu'avez-vous à dire ? Vous avez signé ce document de votre plein gré. Il se trouve que nous avons fait un gros bénéfice sur votre livre : en effet, je veux bien vous dire que nous avons reçu de l'Amérique autant que nous vous avons rendu pour la vente des droits américains ; mais ce n'est pas une raison pour que vous veniez demander plus d'argent que ce que vous étiez convenu d'accepter. Je n'ai jamais entendu parler d'une telle chose au cours de mon expérience professionnelle ; jamais!" et il s'arrêta et la regarda une fois de plus avec sévérité.

« En tout cas, les droits de traduction devraient m'apporter quelque chose : j'ai vu dans le journal que le livre devait être traduit en français et en allemand », dit faiblement Augusta.

"Oh! oui, sans doute… Eustace, oblige-moi en touchant la cloche.

Le jeune monsieur s'exécuta et un grand employé à l'air mélancolique apparut.

"Non. 18, " gronda M. Meeson, sur le ton d'amabilité particulière qu'il réservait à ses employés , " faites le récit de traduction du « Vœu de Jemima » et remplissez un chèque de solde dû à l'auteur.

Le numéro 18 disparut comme un fantôme maigre et malheureux, et M. Meeson s'adressa une fois de plus à la jeune fille devant lui. « Si vous voulez de l'argent, Miss Smithers, dit-il, vous feriez mieux de nous écrire un autre livre. Je ne vais pas nier que votre travail est un bon travail – un peu trop profond et peut-être pas assez orthodoxe ; mais toujours bon. Je l'ai testé moi-même lorsqu'il m'est venu sous la main - ce que je ne fais pas souvent - et j'ai vu qu'il était de bonne qualité, et vous voyez que je n'ai pas commis d'erreur. Je crois que « Le Vœu de Jemima » se vendra vingt mille sans s'arrêter ; voici le récit. »

Pendant qu'il parlait, l'employé aux allures de spectre déposa un morceau de papier bien ligné et un chèque non signé sur le bureau devant son employeur, puis sourit d'un sombre sourire et disparut.

M. Meeson a parcouru le compte, a signé le chèque et l'a remis, ainsi que le compte, à Augusta, qui a procédé à sa lecture. Cela s'est déroulé ainsi : -

AUGUSTA SMITHERS *en compte chez* MEESON & Co.

£ s d

À la vente du droit de traduction de 7 0 0

« Le Vœu de Jemima » en français......

Faire. faire. faire. vers l'allemand 7 0 0

____

£ 14 0 0

=========

£ s d

Moins le montant dû à MM. Meeson, soit 7 0 0

la moitié du produit net

Moins Commission, &c 3 19 0

____

10 £ 19 0

==========

Solde dû à l'auteur, selon chèque £ 3 1 0

ci-joint. __________

Augusta regarda, puis froissa lentement le chèque dans sa main.

« Si je comprends bien, M. Meeson, dit-elle, vous avez vendu les deux droits de traduction de mon livre, que vous m'avez persuadé de laisser entre vos mains, pour 14 £ ; sur quoi je dois recevoir 3 1 shillings.

« Oui, Mlle Smithers. Aurez-vous la gentillesse de signer le reçu ; le fait est que j'ai beaucoup d'affaires à régler.

"Non, M. Meeson", dit soudain Augusta, se levant et paraissant extrêmement belle et imposante dans sa colère. "Non; Je ne signerai pas le reçu et je n'accepterai pas ce chèque. Et puis, je ne vous écrirai plus de livres. Vous m'avez piégé. Vous avez profité de mon ignorance et de mon inexpérience et m'avez piégé de telle sorte que pendant cinq ans je ne serai plus qu'un esclave pour vous et, bien que je sois maintenant l'un des écrivains les plus populaires du pays, je serai obligé d'accepter un somme pour mes livres avec laquelle je ne peux pas vivre. Savez-vous qu'hier on m'a offert mille livres pour les droits d'auteur d'un livre comme « Le Vœu de Jemima » ? — c'est une grosse somme ; mais j'ai la lettre. Oui, et j'ai le livre manuscrit maintenant ; et si je pouvais le publier , je sortirais de la pauvreté, avec ma pauvre petite sœur ! et elle poussa un sanglot. « Mais, poursuivit-elle, je ne peux pas le publier, et je ne vous laisserai pas l'avoir et être traité ainsi ; Je préférerais mourir de faim. Je ne publierai rien pendant cinq ans, et j'écrirai aux journaux pour dire pourquoi : parce que j'ai été *trompé* , M. Meeson ! »

"Triché!" tonna le grand homme. « Soyez prudente, jeune dame ; faites attention à ce que vous dites. J'ai un témoin; Eustache, entendez-vous, « *trompé* » ! Eustache, « *trompé* » ! »

« *J'entends* », dit Eustache d'un air sombre.

« Oui, M. Meeson, j'ai dit « *triché* » ; et je le répéterai, que je sois ou non enfermé pour cela. Bonjour, M. Meeson », et elle lui fit la révérence, puis fondit soudain en larmes.

En une minute, Eustace était à ses côtés.

« Ne pleurez pas, Miss Smithers ; pour l'amour du ciel, ne le faites pas. Je ne peux pas supporter de voir ça », a-t-il déclaré.

Elle leva les yeux, ses beaux yeux gris pleins de larmes, et essaya de sourire.

« Merci », dit-elle ; «Je suis très stupide, mais je suis tellement déçu. Si seulement tu savais-. Là, j'irai. Merci », et l'instant d'après elle s'était relevée et avait quitté la pièce.

"Eh bien", dit M. Meeson, senior, qui était assis à son bureau avec sa grande bouche ouverte, apparemment trop étonné pour parler. "Eh bien, il y a une renarde pour toi. Mais elle reviendra. Je les ai déjà connus faire ce genre de choses auparavant – il y en a un ou deux là-bas, » et il montra du pouce la direction où les vingt-cinq auteurs apprivoisés étaient assis chacun comme un lapin dans son petit clapier et faisaient un chapeau… travail au chantier », qui a continué comme ça. Mais ils sont assez calmes maintenant – ils ne font plus preuve de beaucoup d'entrain maintenant. Je sais comment gérer ce genre de choses – une demi-salaire et une double copie – c'est le ticket. Eh bien, cette fille vaudra mille cinq cents dollars par an pour la maison. Qu'en penses-tu, jeune homme, hein ?

" Je pense, " répondit son neveu, sur le visage de qui un curieux air de mépris et de colère s'était accumulé, " je pense que vous devriez avoir honte de vous-même ! "

CHAPITRE II.
COMMENT EUSTACE A ÉTÉ DÉSINHÉRITÉ.

Il y eut une pause – une pause terrible. L'éclair avait quitté le nuage, mais le tonnerre qui lui répondait n'avait pas éclaté jusqu'à l'oreille. M. Meeson haleta. Puis il reprit le chèque qu'Augusta avait jeté sur la table et le froissa lentement.

« Qu'as-tu dit, jeune homme ? dit-il enfin d'une voix froide et dure.

– J'ai dit que tu devais avoir honte de toi, répondit son neveu en restant vaillamment debout ; « et, en plus, je le pensais !

"Oh! Maintenant, auriez-vous la gentillesse d'expliquer exactement pourquoi vous avez dit cela et pourquoi vous le pensiez ?

«Je le pensais vraiment», répondit son neveu d'une voix pleine et forte, «parce que cette fille avait raison lorsqu'elle a dit que vous l'aviez trompée, et vous savez qu'elle avait raison. J'ai vu les comptes du « Vœu de Jemima » – je les ai vus ce matin – et vous avez déjà réalisé un bénéfice net de plus de mille livres sterling sur ce livre. Et puis, quand elle vient vous demander quelque chose en plus des misérables cinquante livres que vous lui avez distribuées, vous refusez et lui offrez trois livres comme sa part des droits de traduction – trois livres contre vos onze !

« Continuez », interrompit son oncle ; "Je vous en prie, continuez."

"D'accord; Je vais. Ce n'est pas tout : vous utilisez en réalité une ruse honteuse pour piéger cette malheureuse fille dans un accord par lequel elle devient une esclave littéraire pendant cinq ans ! Dès que vous voyez qu'elle a du génie, vous lui dites que les dépenses liées à la publication de son livre et à la publicité de son nom, etc., etc., etc., seront très grandes, si grandes en effet que vous ne peut pas l'entreprendre, à moins, en effet, qu'elle n'accepte de vous laisser la première offre de tout ce qu'elle écrit pendant cinq ans, à environ un quart du taux habituel de rémunération d'un auteur à succès - bien que, bien sûr, vous ne le fassiez pas. Je ne lui dis pas ça. Vous profitez de son inexpérience pour la lier par ce contrat inique, sachant que le terme sera que vous lui avancerez un peu d'argent et la mettrez en votre pouvoir, puis l'enverrez là-bas aux Huches, où tous l'esprit, l'originalité et le génie seront éliminés de son travail, et elle deviendra une écrivaine de chapeaux comme les autres - car l'entreprise de Meeson est une entreprise strictement commerciale, vous savez, et le public de Meeson n'aime pas le génie, il aime leur littérature est ennuyeuse et sainte ! — et c'est une honte infernale ! c'est ça, mon oncle ! et le jeune homme, dont les yeux bleus brillaient alors de feu, car il s'était énervé en chemin, abattit avec fracas son poing sur la table à écrire, pour appuyer ses paroles.

"As-tu fait?" dit son oncle.

« Oui, je l'ai fait ; et j'espère l'avoir dit clairement.

"Très bien; et puis-je maintenant vous demander, en supposant que vous parveniez un jour à gérer cette affaire, si vos sentiments représentent fidèlement le système sur lequel vous procéderiez ?

« Bien sûr qu'ils le font. Je ne vais tromper personne.

"Merci. Il semble qu'ils vous aient appris l'art de s'exprimer clairement à Oxford – même si, semble-t-il (avec un ricanement), ils ne vous ont pas appris grand-chose d'autre. Eh bien, c'est maintenant à mon tour de parler ; et je vous dis ce que c'est, jeune homme, soit vous me demanderez pardon sur-le-champ pour ce que vous avez dit, soit vous quitterez Meeson pour de bon et tout.

« Je ne vous demanderai pas pardon de dire la vérité », dit Eustache avec véhémence : « le fait est qu'ici on n'entend jamais la vérité ; tous ces pauvres diables rampent et rampent autour de vous, et n'osent pas considérer leur âme comme la leur. Je serai diablement heureux de sortir d'ici, je peux vous le dire. Toutes ces cochonneries et ces pokery me rendent malade. L'endroit pue et empeste les pratiques agressives et le gain d'argent – gagner de l'argent par des moyens justes ou immondes.

Jusqu'à présent, l'homme le plus âgé avait, du moins en apparence, gardé son sang-froid ; mais cette dernière fleur d'un anglais vigoureux était tout à fait trop pour quelqu'un que la possession de tant d'argent avait protégé pendant de nombreuses années contre l'audition de vérités désagréables. Le visage de l'homme s'agrandit comme celui d'un diable, ses épais sourcils se contractèrent et ses lèvres pâles frémirent de fureur. Pendant quelques secondes, il ne put parler, tant son émotion était grande. Quand enfin il le fit, sa voix était aussi épaisse et chargée de rage qu'une brume dense l'est de pluie.

«Espèce de jeune coquin impudent!» commença-t-il, « espèce d'enfant trouvé ingrat ! Pensez-vous que lorsque mon frère vous a laissé mourir de faim – ce qui était tout ce pour quoi vous étiez digne – je vous ai retiré du caniveau pour ceci : que vous ayez l'insolence de venir me dire comment gérer mes affaires ? Maintenant, jeune homme, je vais juste vous dire ce que c'est. Vous pouvez partir et diriger votre propre entreprise selon les principes que vous choisissez. Sortez de chez Meeson, monsieur ; et n'ose plus jamais montrer ton nez ici, sinon je donnerai l'ordre aux porteurs de te bousculer hors des lieux ! Et maintenant, ce n'est pas tout. J'en ai fini avec toi, tu ne me demandes plus six pence ! Je ne vais plus te soutenir, je peux te le dire. Et en plus, tu sais ce que je vais faire à l'instant ? Je vais chez le vieux Todd – c'est mon avocat – et je vais lui dire de faire un autre testament et de laisser tout ce que j'ai – et ce n'est pas loin de deux millions , d'une manière ou d'une autre – pour Addison et Roscoe. Ils n'en veulent pas, mais cela n'a pas d'importance. Vous ne l'aurez pas… non, pas un sou ; et je ne laisserai pas un tel tas gaspillé dans les œuvres caritatives et la mauvaise gestion. Voilà, mon brave jeune gentleman, partez et voyez si vos nouveaux principes commerciaux vous permettront de gagner votre vie.

« Très bien, mon oncle ; J'y vais, dit doucement le jeune homme. « Je comprends bien ce que signifie pour moi notre querelle, et, à vrai dire, je n'en suis pas désolé. Je n'ai jamais souhaité dépendre de vous, ni avoir quoi que ce soit à voir avec une entreprise exploitée comme celle de Meeson. J'en ai cent par an que ma mère m'a légué, et grâce à cela et à mon éducation, j'espère gagner ma vie. Pourtant, je ne veux pas me séparer de toi avec colère, parce que tu as été très gentil avec moi par moments et, comme tu me le rappelles, tu m'as sorti du caniveau quand j'étais orphelin ou pas loin de là. J'espère donc que vous me serrerez la main avant mon départ.

"Ah!" grogna son oncle ; « Tu veux parler maintenant, n'est-ce pas ? Mais cela ne suffira pas. C'est parti ! et attention, vous ne mettez pas les pieds dans Pompadour Hall, le siège de M. Meeson, à moins que ce ne soit pour récupérer vos vêtements. Viens, coupe !

– Vous ne me comprenez pas, dit Eustache avec une touche de dignité indigène qui lui convenait très bien. « Nous ne nous reverrons probablement pas, et je ne voulais pas me séparer avec colère, c'est tout. Bonjour." Et il s'inclina et quitta le bureau.

"Confondre-le!" murmura son oncle alors que la porte se fermait, c'est un homme bien plumé et plein d'esprit. Mais je ferai aussi preuve d'esprit. Meeson est un homme de parole. L'interrompre avec un shilling ? pas moi ; l'a coupé avec rien du tout. Et pourtant, bon sang, j'aime bien ce garçon. Eh bien, j'en ai fini avec lui, grâce à cette coquine de Smithers. Peut-être qu'il est gentil avec elle ? alors ils pourront aller mourir de faim ensemble et être pendus à eux ! Elle ferait mieux de se tenir à l'écart de mon chemin, car elle sera mal à l'aise pour cela, aussi sûr que je m'appelle Jonathan Meeson. Je la tiendrai à la lettre de cet accord et, si elle essaie de publier un livre à l'intérieur ou à l'extérieur de ce pays, je l'écraserai - oui, je l'écraserai, si cela m'en coûte cinq dollars. mille pour le faire ! et, avec un grognement, il laissa tomber lourdement son poing sur la table devant lui.

Puis il se leva, remit soigneusement l'accord de la pauvre Augusta dans le coffre-fort, qu'il ferma avec un claquement sauvage, et se mit à visiter les différents départements de son vaste établissement et à y faire un foin tel qu'on n'avait jamais rêvé auparavant dans le style classique. salles de Meeson.

Jusqu'à cette heure, les employés de la grande maison parlent de cette terrible journée en retenant leur souffle, car, de même que le sanglant Hector s'est déchaîné contre les Grecs, ainsi le grand Meeson a fait rage dans ses cent départements. Dans le tout premier bureau, il surprit un misérable employé en train de manger des sandwichs aux sardines. Sans une seconde d'hésitation, il prit les sandwichs et les jeta par la fenêtre.

« Pensez-vous que je vous paie pour venir manger vos sales sandwichs ici ? » » demanda-t-il sauvagement. « Là, maintenant tu peux aller les chercher ; et à bientôt ici : tu n'as pas besoin de te donner la peine de revenir, espèce d'oisif et de bon à rien. C'est parti ! et rappelez-vous que vous n'avez pas besoin de m'envoyer chercher un personnage. Alors, double-vite !

Le malheureux s'en alla, faiblement remontrance, et Meeson, après avoir regardé les autres employés du regard et les avoir avertis que s'ils ne faisaient pas attention – très prudents – ils le suivraient bientôt, continua sa course de dévastation.

Bientôt, il rencontra un éditeur, le numéro 7, qui lui apportait un accord à signer. Il le lui arracha et le parcourut.

« Que veux-tu dire en m'apportant une chose pareille ? il a dit : « Tout va mal. »

«C'est exactement ce que vous m'avez dicté hier, Monsieur», s'indigne le rédacteur.

« Quoi, tu veux me contredire ? rugit Meeson. «Regardez ici le numéro 7, vous et moi ferions mieux de nous séparer. Maintenant, pas de mots : votre salaire vous sera versé jusqu'à la fin du mois, et si vous souhaitez intenter une action pour licenciement abusif, eh bien, je suis votre homme. Bonjour, n° 7 ; bonjour."

ensuite une cour où, en se glissant furtivement au coin de la rue, il rencontra un joyeux petit garçon de courses qui jouait solitairement à une partie de billes.

Whack passa sa canne sur le bas du pantalon de ce garçon de courses, et une minute plus tard , il avait suivi le rédacteur en chef et l'employé dévoreur de sandwichs.

Et ainsi le joyeux jeu dura pendant une demi-heure ou plus, jusqu'à ce qu'enfin M. Meeson soit obligé de cesser ses ennuis, étant trop épuisé pour continuer sa course destructrice. Mais le lendemain matin, il y avait de la promotion dans la grande maison d'édition ; onze postes vacants devaient être pourvus.

Quelques verres de xérès brun et quelques sandwichs, qu'il avala à la hâte dans un restaurant voisin, le ranimèrent cependant rapidement ; et, sautant dans un taxi, il se rendit en toute hâte chez ses avocats, MM. Todd et James.

"Est-ce que M. Todd est là?" dit-il au directeur général, qui s'avança en s'inclinant obséquieusement devant l'homme le plus riche de Birmingham.

"M. Todd sera désengagé dans quelques minutes, monsieur », dit-il. « Puis-je vous proposer le *Times* ?

« Au diable le *temps* ! » fut la réponse polie ; « Je ne viens pas ici pour lire les journaux. Dites à M. Todd que je dois le voir immédiatement, sinon j'irai ailleurs.

«J'ai bien peur, monsieur», commença le directeur général.

M. Meeson s'est levé d'un bond et a attrapé son chapeau. « Maintenant, qu'est-ce que ce sera ? » il a dit.

« Oh, certainement, monsieur ; je vous prie, asseyez-vous », répondit le directeur très alarmé. Les affaires de Meeson n'étaient pas une chose à perdre à la légère. «Je verrai M. Todd immédiatement», et il disparut.

Presque simultanément à son départ, une vieille dame fut emmenée sans cérémonie hors d'une pièce intérieure, s'agrippant faiblement à un réticule rempli de papiers et proclamant haut et fort que sa tête tournait en rond. La pauvre vieille âme venait de modifier son testament pour la dix-huitième fois en faveur d'une toute nouvelle charité, hautement recommandée par la royauté ; et être soudainement abattue hors de la présence vénérée de son avocat dans l'obscurité extérieure du bureau du greffier, c'était vraiment trop pour elle.

Une minute plus tard, M. Meeson était accueilli chaleureusement, voire avec enthousiasme, par M. Todd lui-même. M. Todd était un petit homme nerveux et nerveux, qui parlait par saccades et jaillissait de manière à faire penser à une lance à incendie à travers laquelle de l'eau était pompée par intermittence.

« Comment allez-vous, mon cher Monsieur ? Ravi d'avoir ce plaisir », commença-t-il avec un jaillissement soudain, puis il se tarit soudain en remarquant l'expression menaçante sur le front du grand homme. « Je suis sûr que je suis vraiment désolé de vous avoir fait attendre, mon cher monsieur ; mais j'étais en ce moment fiancé à un excellent et très chrétien testateur. » —

Ici, il sursauta soudainement et se tarit à nouveau, car M. Meeson, sans le moindre avertissement, éjacula : « Maudit soit votre testateur chrétien ! Et regarde, Todd, tu vois que ça ne se reproduira plus. Je suis aussi un testateur chrétien ; et les chrétiens de ma catégorie ne sont pas habitués à rester debout comme des employés de bureau ou des auteurs. Veillez à ce que cela ne se reproduise plus, Todd.

«Je suis sûr que je suis extrêmement affligé. Circonstances"-

"Oh, peu importe tout ça, je veux ma volonté."

« Will… will… Pardonne-moi… je suis un peu confus, c'est tout. Vos manières sont si pleines de la vigueur chaleureuse du vieux moyen-âge »—

Ici, il s'arrêta, plus brusquement que d'habitude, car M. Meeson le fixa de son œil sauvage, puis se précipita hors de la pièce pour chercher le document en question.

"Petit idiot!" marmonna Meeson ; « Je le virerai aussi s'il ne fait pas plus attention. Par jupiter! pourquoi ne devrais-je pas avoir mon propre avocat résident ? Je pourrais avoir une main forte avec un personnage endommagé pour environ 300 £ par an, et je paie 2 000 £ à ce vieux Todd. Il y a une place libre dans les Huches que je pourrais transformer en bureau. Pendez-moi si je ne le fais pas. Je ferai sauter cette petite sauterelle gazouillante dans un but précis, je le garantis, » et il rit à cette idée.

À ce moment-là, M. Todd revint avec le testament, et avant qu'il puisse commencer à donner des explications, son employeur l'interrompit en lui ordonnant vivement d'en lire l'essentiel.

C'est ce que l'avocat a fait. Ce fut très court et, à l'exception de quelques legs, s'élevant au total à environ vingt mille livres, il légua toute la vaste fortune et les biens du testateur, y compris sa participation (de loin la plus importante) dans la grande maison d'édition, et sa palais avec les peintures et autres contenus de valeur, connu sous le nom de Pompadour Hall, à son neveu, Eustace H. Meeson.

« Très bien, dit-il lorsque la lecture fut terminée ; "Maintenant, donne-le-moi."

M. Todd obéit et remit le document à son patron, qui le déchira délibérément en fragments avec ses doigts forts, puis acheva sa destruction en le déchirant avec ses grandes dents blanches. Ceci fait, il mélangea les petits morceaux, les jeta par terre et les piétina avec un air de malignité qui effraya presque le petit M. Todd saccadé.

« Maintenant, » dit-il sombrement, « c'est la fin du vieil amour ; alors passons au nouveau. Prends ta plume et reçois mes instructions pour mon testament.

M. Todd a fait ce qu'on lui demandait.

«Je laisse tous mes biens, immobiliers et personnels, partagés à parts égales entre mes deux partenaires, Alfred Tom Addison et Cecil Spooner Roscoe. Voilà, c'est court et agréable, et, d'une manière ou d'une autre, cela signifie quelques millions.

"Bonté divine! Monsieur », a lancé M. Todd. « Pourquoi, voulez-vous éliminer complètement votre neveu... et les autres légataires ? » ajouta-t-il après coup.

" Bien sur que oui; c'est-à-dire en ce qui concerne mon neveu. Les légataires peuvent se présenter comme auparavant.

" Eh bien, tout ce que j'ai à dire, " continua le petit homme, étonné jusqu'à l'honnêteté, " c'est que c'est la chose la plus honteuse que j'aie jamais entendue ! "

« En effet, M. Todd, n'est-ce pas ? Eh bien maintenant, puis-je vous demander : est-ce que je quitte cette propriété, ou c'est vous ? Ne vous donnez pas la peine de répondre à cette question, mais soyez simplement présents. Soit vous rédigez ce testament immédiatement, pendant que j'attends, soit vous dites adieu à environ 2 000 £ par an, car c'est ce que valent les affaires de Meeson, je pense. Maintenant, faites votre choix.

M. Todd a fait son choix. En moins d'une heure, le testament, très court, fut rédigé et absorbé.

« Maintenant, » dit Meeson, s'adressant à M. Todd et au directeur général, tout en prenant la plume entre ses doigts pour signer, « tenez-vous à l'esprit qu'au moment où j'exécute cette volonté, je suis sain d'esprit. , la mémoire et la compréhension. Te voilà; maintenant, êtes-vous tous les deux témoins .

Il faisait nuit et le roi capital, sous la forme de M. Meeson, était assis seul à dîner dans sa somptueuse salle à manger de Pompadour. Le dîner était terminé, le valet de pied poudré était parti d'un pas majestueux, et le majordome était en train de placer les carafes de vin richement coloré devant le seigneur solitaire de tous. Le dîner avait été un triste échec. Plat après plat, dont le coût aurait nourri un enfant pauvre pendant un mois, avait été élevé et remis au maître pour ensuite être critiqué et renvoyé. Cette nuit-là, M. Meeson n'avait pas d'appétit.

« Johnson, » dit-il au majordome, lorsqu'il fut sûr que le valet de pied ne pouvait pas l'entendre, « M. Eustace était-il ici ?

"Oui Monsieur."

"Est-il parti?"

"Oui Monsieur. Il est venu chercher ses affaires, puis est reparti en taxi.

"Où aller?"

« Je ne sais pas, monsieur. Il a dit à l'homme de se rendre à Birmingham en voiture.

« A-t-il laissé un message ? »

« Oui, monsieur, il m'a dit de vous dire que vous ne devriez plus vous inquiéter avec lui ; mais qu'il était désolé que vous vous soyez séparé de lui avec colère.

"Pourquoi ne m'as-tu pas donné ce message avant?"

"Parce que M. Eustace a dit que je ne devais pas le donner à moins que vous ne demandiez après lui."

"Très bien. Johnson ! »

"Oui Monsieur."

« Vous donnerez l'ordre que le nom de M. Eustace ne soit plus mentionné dans cette maison. Tout domestique mentionnant le nom de M. Eustace sera renvoyé.

"Tres bien Monsieur"; et Johnson y est allé.

M. Meeson regarda autour de lui. Il regarda la longue collection de verre et d'argenterie, la nappe impeccable et les fleurs coûteuses. Il regardait les murs ornés d' œuvres d'art qui, quelles qu'elles fussent, étaient pour le moins chères ; aux miroirs et aux douces bougies de cire ; aux cheminées de marbre et aux feux clairs et chauds (car c'était en novembre) ; au riche papier peint et au tapis doux et aux teintes profondes ; et réfléchit qu'ils étaient tous à lui. Et puis il soupira, et son visage grossier et lourd s'affaissa et devint triste. A quoi lui servait cette dernière extrémité du luxe ? Il n'avait personne à qui le confier, et, à vrai dire, cela ne lui faisait que peu de plaisir. Le plaisir qu'il avait dans la vie venait du fait de gagner de l'argent et non de le dépenser. Les seuls moments où il était vraiment heureux, c'était lorsqu'il était dans son comptoir, dirigeant les entreprises de son vaste établissement et ajoutant souverain par souverain à ses énormes accumulations. C'était sa seule joie depuis quarante ans, et c'était toujours sa joie.

Et puis il se mit à penser à son neveu, le fils unique de son frère, qu'il avait autrefois aimé, avant de se perdre à publier des livres et à gagner de l'argent, et il soupira. Il avait été attaché au garçon à sa manière grossière, et c'était un coup dur pour lui de se détacher de lui. Mais Eustace l'avait défié et, ce qui était pire, il lui avait dit la vérité, que lui, plus que tous les hommes, ne pouvait supporter. Il avait dit que son système commercial était malhonnête, qu'il prenait plus que ce qui lui était dû, et c'était effectivement le cas. Il le savait ; mais il ne pouvait pas tolérer que cela lui soit dit, et que sa vie entière soit ainsi discréditée, et même son or accumulé terni – marqué comme mal acquis ; il pourrait encore moins le supporter de la part de sa personne à charge. Ce n'était pas tout à fait un mauvais homme ; personne n'est; ce n'était qu'un commerçant grossier et vulgaire, endurci et souillé par une longue carrière de marchands acharnés. Au fond, il éprouvait des sentiments comme les autres hommes, mais il ne pouvait tolérer la révélation ni même la contradiction ; c'est pourquoi il s'était vengé. Et pourtant, alors qu'il était assis là, dans une gloire solitaire, il réalisa que la vengeance n'apporte pas le bonheur, et pouvait même trouver dans son cœur l'envie d'envier l'honnêteté inébranlable qui l'avait défié au prix de sa propre ruine.

Non pas qu'il ait l'intention de céder ou de modifier sa détermination. M. Meeson n'a jamais cédé et n'a jamais changé d'avis. S'il l'avait fait, il n'aurait pas été à ce moment-là maître de deux millions d'argent.

CHAPITRE III.
LA PETITE SOEUR D'AUGUSTA.

Quand Augusta quitta Meeson, elle était dans un état d'esprit très triste, pour expliquer qu'il sera nécessaire de dire un mot ou deux sur l'histoire antérieure de cette jeune dame. Son père avait été ecclésiastique et, comme la plupart des ecclésiastiques, n'était pas surchargé par les bonnes choses de ce monde. À la mort de M. Smithers, ou plutôt du révérend James Smithers, il laissa derrière lui une veuve et deux enfants : Augusta, quatorze ans, et Jeannie, deux ans. Il y en avait eu deux autres, tous deux garçons, qui étaient venus au monde entre Augusta et Jeannie, mais ils avaient tous deux précédé leur père au pays des ombres. Mme Smithers avait, heureusement pour elle, un intérêt viager sur une somme de 7 000 £, qui, bien placée, lui rapportait 350 £ par an : et, afin de tirer le meilleur parti possible de ce petit revenu et de donner offrant à ses deux filles les meilleures possibilités d'éducation possibles dans les circonstances, elle a, à la mort de son mari, quitté le village où il avait été vicaire pendant de nombreuses années pour s'installer dans la ville de Birmingham. Ici, elle vécut dans une retraite absolue pendant environ sept ans, puis mourut subitement, laissant les deux filles, alors respectivement âgées de dix-neuf et huit ans, pleurer sa perte et, sans amis, se frayer un chemin dans le monde difficile.

Mme Smithers avait été une femme économe et, à sa mort, on découvrit qu'après avoir payé toutes les dettes, il restait une somme de 600 £ pour que les deux filles puissent vivre, et rien d'autre ; car la fortune de leur mère mourut avec elle. Or, il est évident que les intérêts provenant de six cents livres ne suffisent pas à subvenir aux besoins de deux jeunes gens, et c'est pourquoi Augusta a été obligée de vivre du capital. Dès son plus jeune âge, cependant, elle (Augusta) avait montré une forte tendance littéraire et peu de temps après la mort de sa mère, elle publia son premier livre à ses propres frais. Ce fut un échec cuisant et lui coûta cinquante-deux livres, soit le solde entre le compte de profits et pertes. Après un certain temps , cependant, elle se remit de ce coup et écrivit « Le vœu de Jemima », qui fut repris par celui de Meeson ; et, aussi étrange que cela puisse paraître, a prouvé le succès de l'année. Le lecteur est déjà au courant de la nature de l'accord qu'elle a conclu avec Meeson, et il ne sera donc pas surpris d'apprendre qu'en vertu de ses dispositions cruelles, il était absolument interdit à Augusta, malgré son nom et sa renommée, de récolter les fruits de son accord. succès. Elle ne pouvait publier qu'avec Meesons's et avec un salaire fixe de sept pour cent sur le prix annoncé de son travail. Or, plus de trois ans s'étaient écoulés depuis la mort de Mme Smithers, et il sera donc évident qu'il ne restait plus grand-chose des six cents livres qu'elle avait laissées derrière elle. Les deux filles avaient en effet vécu assez économiquement dans quelques petites pièces situées dans une petite rue ; mais leurs dépenses avaient été énormément augmentées par la grave maladie, par suite d'une maladie pulmonaire, de la petite fille Jeannie, maintenant une enfant entre douze et treize ans. Ce matin-là, Augusta avait vu le médecin et avait été écrasée par l'expression de sa conviction que, à moins que sa petite sœur ne soit transférée dans un climat plus chaud, pendant au moins un an, elle ne survivrait pas à la l'hiver et *peut* mourir à tout moment.

Emmenez Jeannie dans un climat plus chaud ! Il aurait tout aussi bien pu dire à Augusta de l'emmener sur la lune. Hélas, elle n'avait pas d'argent et ne savait pas où se tourner pour en obtenir ! Oh! Lecteur, priez le Ciel pour que ce ne soit jamais votre sort de voir votre bien-aimée mourir faute de quelques centaines de livres pour lui sauver la vie !

C'était dans cette terrible urgence qu'elle avait – poussée à y parvenir par son agonie d'esprit – essayé d'obtenir quelque chose au-delà de ce qui lui était dû, au sens strict et légal, de Meeson – Meeson qui avait gagné des centaines et des centaines de dollars avec son livre et lui avait payé cinquante livres. Nous savons comment elle s'en est sortie dans cette tentative. En quittant leur bureau, Augusta pensa à son banquier. Peut-être serait-il disposé à proposer quelque chose. C'était une tâche horrible, mais elle résolut de l'entreprendre ; alors elle s'est dirigée vers la banque et a demandé à voir le directeur. Il était sorti, mais il rentrerait à trois heures. Elle est allée dans un magasin voisin et a acheté un petit pain et un verre de lait, et a attendu jusqu'à ce qu'elle ait honte d'attendre plus longtemps, puis elle a marché dans les rues jusqu'à trois heures. Au coup de l'heure, elle revint et fut conduite dans la salle privée du directeur, où un petit homme sec et antipathique était assis devant un gros livre. Ce n'était pas le même homme qu'Augusta avait rencontré auparavant, et son cœur se serra proportionnellement.

Ce qui a suivi n'a pas besoin d'être répété ici. Le directeur a écouté son histoire hésitante avec quelques expressions de sympathie stéréotypées et, après avoir fini, il a « regretté » que les prêts spéculatifs soient contraires aux habitudes de la banque et l'a poliment révoquée.

Il était près de quatre heures par un après-midi humide et pluvieux – un après-midi de novembre – qui planait comme une misère vivante sur la boue noire des rues de Birmingham, et qui aurait suffi à lui seul à amener le mortel le plus léger et le plus heureux au même moment. portes du désespoir, quand Augusta, mouillée, fatiguée et presque en pleurs, franchit enfin la porte de leur petit salon. Elle entra très doucement, car la femme de ménage l'avait rencontrée dans le couloir et lui avait dit que Miss Jeannie dormait. Elle avait beaucoup toussé à l'heure du dîner, mais maintenant elle dormait.

Il y avait un feu dans la cheminée, un petit feu, car le charbon était économisé au moyen de deux grandes briques réfractaires, et sur une table (la table à écrire d'Augusta), placée à l'autre côté de la pièce, se trouvait une lampe à pétrole. est devenu bas. En face, mais un peu à l'écart du feu, se trouvait un canapé recouvert de reps rouge, et sur le canapé gisait une petite forme blonde, si mince et si fragile qu'elle ressemblait au fantôme ou à la silhouette d'un personnage. fille, plutôt qu'une fille elle-même. C'était Jeannie, sa sœur malade, et elle dormait. Augusta se leva doucement pour la regarder. C'était un doux petit visage sur lequel ses yeux tombèrent, même s'il était incroyablement mince, avec de longs cils recourbés, des narines délicates et une bouche en forme d'arc. Toutes les lignes et les rainures que le ciseau de Pain sait si bien tailler en étaient maintenant aplanies et à leur place se trouvait l'ombre d'un sourire.

Augusta la regarda et serra les poings, tandis qu'une boule se formait dans sa gorge et que ses yeux gris se remplissaient de larmes. Comment pourrait-elle obtenir l'argent nécessaire pour la sauver ? L'année précédente, un homme riche, un homme qu'elle détestait, avait voulu l'épouser, et elle n'avait rien à lui dire. Il était parti à l'étranger, sinon elle serait revenue vers lui et l'aurait épousé – à un certain prix. Marrie-le? oui, elle l'épouserait : elle ferait tout pour de l'argent pour emmener sa sœur ! Que lui importait d'elle-même quand son chéri mourait, mourant faute de deux cents livres !

A ce moment-là, Jeannie se réveilla et lui tendit les bras.

" Alors tu es enfin de retour, ma chérie," dit-elle de sa douce voix enfantine. «C'était tellement solitaire sans toi. Eh bien, comme tu es mouillé ! Enlève ta veste tout de suite, Gussie, ou tu seras bientôt aussi malade que » – et là, elle éclata dans une terrible quinte de toux, qui sembla ébranler son corps tendre comme le vent secoue un roseau.

Sa sœur se tourna et obéit, puis vint s'asseoir près du canapé et prit la petite main mince dans la sienne.

« Eh bien, Gussie, et comment vous êtes-vous entendu avec le Diable-Imprimeur » (c'était le nom impoli qu'elle donnait au grand Meeson) ; « va-t-il vous donner plus d'argent ?

« Non, chérie ; nous nous sommes disputés , c'est tout, et je suis parti.

"Alors je suppose que nous ne pouvons pas aller à l'étranger ?"

Augusta était trop émue pour répondre ; elle se contenta de secouer la tête. L'enfant enfouit son visage dans l'oreiller et poussa un ou deux sanglots. Actuellement, elle se tut et le souleva à nouveau. « Gussie, mon amour, dit-elle, ne sois pas en colère, mais je veux te parler. Écoute, ma douce Gussie, mon ange. Oh, Gussie, tu ne sais pas à quel point je t'aime ! Tout cela ne sert à rien, il est inutile de lutter contre cela, je dois mourir tôt ou tard ; bien que je n'aie que douze ans et que vous me considériez comme un enfant, je suis assez vieux pour comprendre cela. Je pense, ajouta-t-elle après s'être arrêtée pour tousser, que la douleur vieillit : j'ai l'impression d'avoir cinquante ans. Eh bien, vous voyez, autant abandonner la lutte contre cela et mourir sur-le-champ. Je ne suis pour vous qu'un fardeau et une inquiétude ; autant mourir tout de suite et m'endormir.

« Ne fais pas ça, Jeannie ! ne le faites pas!" dit sa sœur dans une sorte de cri ; "vous me tuez!"

Jeannie posa sa main chaude sur le bras d'Augusta. "Essaye de m'écouter, ma chérie," dit-elle, "même si ça fait mal, parce que j'ai tellement envie de dire quelque chose. Pourquoi devrais-tu avoir si peur pour moi ? Un endroit où je peux aller peut-il être pire que cet endroit ? Puis-je souffrir davantage n'importe où, ou être plus blessé quand je te vois pleurer ? Pensez à quel point tout cela a été misérable. Il n'y a eu qu'une seule belle chose dans nos vies pendant des années et des années, et c'était votre livre. Même lorsque je me sens le plus mal – quand j'ai mal à la poitrine, vous savez – je deviens très heureux quand je pense à ce que les journaux ont écrit sur vous : le *Times* et le *Saturday Review* , le *Spectator* et les autres. On disait que vous aviez du génie, du vrai génie, vous vous en souvenez, et qu'ils espéraient vous voir un jour à la tête de la littérature de l'époque, ou à peu près. Le diable des imprimeurs ne peut pas nous enlever ça, Gussie. Il peut prendre l'argent ; mais il ne peut pas dire qu'il a écrit le livre ; cependant, ajouta-t-elle avec une pointe de méchanceté et de vivacité enfantine, je suis convaincue qu'il le ferait s'il le pouvait. Et puis il y avait ces lettres des grands auteurs de Londres ; oui, je pense souvent à eux aussi. Eh bien, ma très chère vieille fille, le meilleur dans tout ça, c'est que je sais que tout est vrai. Je *sais* , je ne peux pas te dire comment, que tu seras une grande femme malgré tous les Meesons de la création ; car, d'une manière ou d'une autre, vous échapperez à son pouvoir, et, si vous ne le faites pas, cinq ans ne suffisent pas pour une vie – du moins, pas si les gens ont une vie. Au pire, il ne peut que prendre tout l'argent. Et puis, quand vous serez grand, riche et célèbre, et plus beau que jamais, et quand les gens tourneront la tête lorsque vous entrerez dans la pièce, comme nous le faisions à l'école lorsque le missionnaire venait donner une conférence, je sais que vous le ferez. pense à moi (parce que tu ne m'oublieras pas comme le font certaines sœurs), et à comment, des années et des années auparavant, il y a si longtemps que le temps semble bien court quand on y pense, je t'ai dit que ce serait si juste avant de mourir. »

Ici, la jeune fille, qui avait parlé avec un curieux air de certitude et avec une gravité et une délibération extraordinaires pour une si jeune personne, s'interrompit soudain pour tousser. Sa sœur se jeta à genoux près d'elle et, la serrant dans ses bras, la supplia d'une voix brisée de ne pas parler de mourir. Jeannie attira la tête dorée d'Augusta sur sa poitrine et la caressa.

« Très bien, Gussie, je n'en dirai pas davantage, dit-elle ; « Mais ça ne sert à rien de cacher la vérité, ma chérie. Je suis fatigué de lutter contre cela ; cela ne sert à rien, rien du tout. Quoi qu'il en soit, nous nous sommes beaucoup aimés, ma chère ; et peut-être que nous pourrons encore quelque part ailleurs. » Et le brave petit cœur se brisa de nouveau, et, envahis par la prescience de la séparation prochaine, ils sanglotèrent tous deux amèrement là sur le canapé. Bientôt, on frappa à la porte, et Augusta se leva d'un bond et se tourna pour cacher ses larmes. C'était la servante à tout faire qui apportait le thé ; et, à mesure qu'elle arrivait par surprise, un sentiment d'ironie des choses s'imposa à l'âme d'Augusta. Ici, ils étaient plongés dans le chagrin le plus terrible, pleurant à l'approche inévitable de cette fin froide, et pourtant il faut sauver les apparences, même devant une servante à tout faire. La société, même représentée par une servante à tout faire, ne peut pas éliminer l'intrusion des chagrins domestiques, ou de tout autre chagrin, et dans nos cœurs , nous le savons et agissons en conséquence. En effet, nous devons être dans une agonie mentale ou physique avant d'abandonner notre tentative de sauver les apparences.

Augusta but un peu de thé et mangea un tout petit morceau de pain et de beurre. Comme dans le cas de M. Meeson, les événements de la journée n'avaient pas eu tendance à lui ouvrir l'appétit. Jeannie a bu un peu de lait mais n'a rien mangé. Lorsque ce formulaire fut parcouru et que la servante à tout faire eut de nouveau réapparu et débarrassé la table, Jeannie reprit la parole.

« Gus, » dit-elle, « je veux que tu me mettes au lit et que tu viennes ensuite me lire le « Vœu de Jemima » – où la pauvre Jemima meurt, tu sais. C'est la plus belle chose du livre et j'ai envie de l'entendre à nouveau.

Sa sœur fit ce qu'elle voulait et, prenant « Le Vœu de Jemima », *le propre* exemplaire de Jeannie, comme on l'appelait, étant le tout premier à être entré dans la maison, elle l'ouvrit à la partie demandée par Jeannie et la lut à haute voix, en gardant sa voix aussi ferme que possible. En fait, cependant, la scène elle-même était aussi puissante que pathétique, et tout à fait suffisante pour expliquer toute manifestation inconvenante de sentiments de la part du lecteur. Cependant, elle a lutté jusqu'à ce que la dernière phrase soit atteinte. Cela disait : « Alors Jemima lui tendit la main et lui dit : « Au revoir ». Et aussitôt, sachant qu'elle avait tenu sa promesse, et étant heureuse de l'avoir fait, elle s'endormit.

"Ah!" murmura l'enfant aux yeux bleus qui écoutait. «J'aurais aimé être aussi bon que Jemima. Mais même si je n'ai aucun vœu à respecter, je peux dire « au revoir » et je peux m'endormir.

Augusta ne répondit rien et Jeannie s'assoupit. Sa sœur la regardait avec une tendresse affectueuse. « Elle abandonne, se dit-elle, et si elle abandonne, elle mourra. Je le sais, c'est parce que nous ne partons pas. Comment puis-je obtenir l'argent, maintenant que cet horrible homme est parti ? comment puis-je l'avoir?" et elle enfouit sa tête dans sa main et réfléchit. Bientôt, une idée lui vint à l'esprit : elle pourrait retourner voir Meeson, manger ses mots et lui vendre les droits d'auteur de son nouveau livre pour 100 £, comme le prévoyait l'accord. Mais cela ne suffirait pas ; car voyager avec un invalide coûte cher ; mais elle pourrait proposer de se lier à lui pendant plusieurs années en tant qu'auteur apprivoisé, comme ceux qui travaillaient dans les Huches. Elle était sûre qu'il serait heureux de l'avoir, si seulement il pouvait le faire à son propre prix. Ce serait un esclavage pire que n'importe quelle servitude pénale, et même maintenant, elle frémit à l'idée de prostituer ses grandes capacités aux nécessités d'un travail comme celui de Meeson qui en a fait des milliers - un travail dont chaque étincelle d'originalité a été gravée dans le néant. comme si c'était la marque de la Bête. Oui, ce serait affreux, cela lui briserait le cœur ; mais elle était prête à avoir le cœur brisé et son génie arraché par centimètres, si seulement elle pouvait obtenir deux cents livres de quoi emmener Jeannie dans le sud de la France. M. Meeson ferait sans aucun doute un marché difficile, le plus dur qu'il pourrait ; mais néanmoins, si elle consentait à se lier pendant un nombre d'années suffisant à un salaire suffisamment bas, il lui avancerait probablement cent livres, en plus des cent pour le droit d'auteur du nouveau livre.

Et ainsi, ayant décidé au sacrifice, elle se coucha et, fatiguée de misère, s'endormit. Et même pendant qu'elle dormait, une Présence qu'elle ne pouvait pas voir se tenait près de son lit, et une Voix qu'elle ne pouvait pas entendre l'appelait dans l'obscurité. Un autre mortel s'était courbé aux pieds de ce Dieu inconnu que les hommes appellent la Mort, et avait été emporté par ses ailes précipitées dans les espaces du Caché. Un objet humain de plus restait immobile et raide, un compte de plus était fermé pour le bien ou le mal, l'écho d'un pas de plus avait disparu de la terre pour toujours . La vieille tragédie à plusieurs millions de personnes, à laquelle tous doivent prendre part, s'était répétée une fois de plus jusqu'à sa dernière et la plus horrible scène. Oui; la farce sinistre était jouée, et le petit acteur Jeannie était blanc de mort !

Juste à l'aube, Augusta rêva que quelqu'un au souffle froid lui respirait sur le visage, elle se réveilla en sursaut et écouta. Le lit de Jeannie était de l'autre côté de la pièce, et elle entendait généralement assez clairement ses mouvements, car l'enfant malade avait un sommeil agité. Mais désormais, elle n'entendait plus rien, pas même la faible vibration de la respiration de sa sœur. Le silence était absolu et épouvantable ; cela frappa concrètement ses sens, tandis que l'obscurité frappait ses globes oculaires et la remplissait d'une terreur engourdie et irraisonnée. Elle s'est glissée hors du lit et a craqué une allumette. Quelques secondes plus tard, elle se tenait près du petit lit blanc de Jeannie, attendant que la mèche de la bougie brûle. Bientôt, la lumière grandit. Jeannie était allongée sur le côté, son visage blanc posé sur son bras blanc. Ses yeux étaient grands ouverts ; mais quand Augusta tenait la bougie près d'elle, elle ne la fermait pas et ne bronchait pas. Sa main aussi... oh, mon Dieu ! les doigts étaient presque froids.

Alors Augusta comprit, et levant les bras en signe d'agonie, elle cria jusqu'à ce que toute la maison sonne.

CHAPITRE IV.
LA DÉCISION D'AUGUSTA.

Le deuxième jour après la mort de la pauvre petite Jeannie Smithers, M. Eustace Meeson se promenait dans Birmingham, les mains dans les poches, et un air d'indécision sur son visage résolument agréable et gentleman. Eustace Meeson n'était pas particulièrement abattu par l'extraordinaire revers de fortune qu'il venait d'éprouver. C'était un jeune gentleman d'une nature joyeuse ; et d'ailleurs, cela ne lui importait pas tellement. Il était dans une condition bénie de célibat, et n'avait ni femme ni enfants à sa charge, et il savait que, d'une manière ou d'une autre, cela serait difficile si, avec l'aide des cent par an qu'il possédait, il n'a pas réussi, avec son éducation, à gagner sa vie de toutes parts. Ce n'était donc pas la perte de la société de son oncle respecté, ni la perspective de jouir de deux millions d'argent qui le troublaient. En effet, après avoir une fois vidé ses biens et ses effets personnels de Pompadour Hall et les avoir installés dans une chambre d' hôtel , il n'y avait pas beaucoup réfléchi. Mais il avait beaucoup réfléchi aux yeux gris d'Augusta Smithers et, pour avoir un aperçu de son caractère, il avait immédiatement investi dans un exemplaire de « Jemima's Vow », augmentant ainsi, un peu contre son gré, les gains. de Meeson à hauteur de plusieurs shillings. Or, « Le Vœu de Jemima », bien que simple et simple, était un livre des plus frappants et des plus puissants, qui méritait pleinement la réputation qu'il s'était acquise, et il affecta Eustace, qui était tellement différent de la plupart des jeunes hommes de son âge qu'il connaissait vraiment la différence entre le bon et le mauvais travail – plus fortement qu'il n'aurait aimé l'admettre. En effet, à la fin de l'histoire, entre la beauté des pages d'Augusta, le souvenir des yeux d'Augusta et la connaissance des torts d'Augusta, M. Eustace Meeson a commencé à se sentir vraiment comme s'il était tombé amoureux. En conséquence, il sortit se promener, et rencontrant un employé qu'il avait connu dans l'établissement Meeson, un de ceux qui avaient été libérés le même jour que lui, il obtint de lui l'adresse de Miss Smithers et commença à réfléchir pour savoir si ou non, il devrait faire appel à elle. Incapable de se décider, il continua à marcher jusqu'à atteindre la rue tranquille où habitait Augusta, et, apercevant tout à coup la maison dont le commis lui avait parlé, céda à la tentation et sonna.

La femme de ménage lui ouvrit la porte, qui le regarda un peu curieusement, mais lui dit que Miss Smithers était à l'intérieur, puis elle le conduisit à une porte entrouverte et le laissa dans cet endroit aimable et agréable. la mode qu'ont les femmes de ménage à tout faire. Eustace était perplexe et, regardant par la porte pour voir s'il y avait quelqu'un dans la pièce, découvrit Augusta elle-même vêtue d'une étoffe sombre, assise sur une chaise, les mains croisées sur ses genoux, son visage pâle fixé comme une pierre et son visage pâle. les yeux brillant dans le vide. Il s'arrêta, se demandant ce qui pouvait bien se passer, et ce faisant, son parapluie lui glissa des mains, faisant un bruit qui l'obligea à se déclarer.

Augusta se leva à mesure qu'il avançait et le regarda d'un air perplexe, comme si elle s'efforçait de se rappeler son nom ou l'endroit où elle l'avait rencontré.

"Je vous demande pardon", balbutia-t-il, "je dois me présenter, car la jeune fille m'a abandonné : je m'appelle Eustace Meeson."

Le visage d'Augusta se durcit à ce nom. « Si vous me venez de la part de MM. Meeson and Co. » — dit-elle rapidement, puis elle s'interrompit, comme frappée par une idée nouvelle.

"En effet, non", dit Eustace. «Je n'ai plus rien de commun avec MM. Meeson maintenant, sauf mon nom, et je suis seulement venu vous dire combien j'étais désolé de vous voir traité comme vous l'étiez par mon oncle. Tu te souviens que j'étais au bureau ?

"Oui," dit-elle, avec un soupçon de rougissement, "je me souviens que tu étais très gentil."

«Eh bien, voyez-vous, poursuivit-il, j'ai eu une grande dispute avec mon oncle après cela, et cela a fini par qu'il m'a expulsé de là, sac et bagages, et m'a informé qu'il allait m'interrompre. avec un shilling, ce qu'il a probablement déjà fait, ajouta-t-il d'un ton pensif.

« Dois-je comprendre, M. Meeson, que vous vouliez dire que vous vous êtes disputé avec votre oncle à propos de moi et de mes livres ?

"Oui; c'est vrai », a-t-il déclaré.

«C'était très chevaleresque de votre part», répondit-elle en le regardant avec une curiosité nouveau-née. Augusta n'était pas accoutumée à trouver des chevaliers errants ainsi disposés, à tant de frais pour eux-mêmes, à briser une lance pour sa cause. Elle n'était surtout pas prête à trouver ce chevalier portant l'emblème haineux de Meeson – si, en effet, Meeson avait un emblème.

« Je devrais m'excuser , poursuivit-elle après une pause gênante, d'avoir fait une telle scène au bureau, mais je voulais tellement d'argent et c'était si difficile d'être refusé. Mais cela n'a plus d'importance maintenant. Tout est fini. »

Il y avait dans sa voix un son sourd et désespéré qui éveilla sa curiosité. Pourquoi aurait-elle pu vouloir cet argent, et pourquoi n'en voulait-elle plus ?

«Je suis désolé», dit-il. "Veux-tu me dire pourquoi tu le voulais tant?"

Elle le regarda, puis, agissant par impulsion plutôt que par réflexion, dit à voix basse :

"Si tu veux, je te montrerai."

Il s'inclina, se demandant ce qui allait suivre. Se levant de sa chaise, Augusta nous guida vers une porte qui donnait sur le salon, tourna doucement la poignée et entra. Eustace la suivit. La pièce était une petite chambre à coucher dont le store en calicot délavé avait été baissé ; Or, en l'occurrence, la lumière du soleil, telle qu'elle était, frappait de plein fouet le store et le traversait en barres jaunes. Ils tombèrent sur les meubles de la petite chambre nue, ils tombèrent sur le lit de fer et sur quelque chose posé dessus, qu'il ne remarqua pas d'abord, parce qu'il était recouvert d'un drap.

Augusta s'approcha du lit et souleva doucement le drap, révélant le doux visage, bordé de cheveux dorés, de la petite Jeannie, dans son cercueil.

Eustace poussa une exclamation et recula violemment. Il n'était pas préparé à un tel spectacle ; en fait, c'était le premier spectacle de ce genre qu'il eût jamais vu, et cela le choqua au-delà des mots. Augusta, familière comme elle l'était elle-même avec la compagnie de cette belle Terreur froide et argileuse, avait oublié que, soudainement et sans avertissement, amener les vivants en présence des morts n'est pas la chose la plus sage ni la plus gentille à faire. Car pour les vivants, et surtout pour les jeunes, la vue de la mort est horrible. C'est un commentaire tellement effrayant sur leur santé et leur force. La jeunesse et la force sont joyeuses ; mais qui peut se réjouir de cette chose morte dans la chambre haute ? Emportez-le ! poussez-le sous terre ! c'est une insulte pour nous ; cela nous rappelle que nous aussi mourons comme les autres. Quelle affaire a sa pâleur pour se montrer sur nos joues rouges ?

"Je vous demande pardon", murmura Augusta, réalisant quelque chose de tout cela en un éclair, "j'ai oublié, vous ne savez pas, vous devez être choquée, pardonne-moi !"

"Qui est-ce?" » dit-il, haletant pour reprendre son souffle.

«Ma sœur», répondit-elle. «C'était pour essayer de lui sauver la vie que je voulais cet argent. Quand je lui ai dit que je ne pouvais pas l'obtenir, elle a abandonné et est morte. Votre oncle l'a tuée. Viens."

Très choqué, il la suivit dans le salon, puis, dès qu'il reprit son calme, s'excusa de s'être imposé sur elle dans une telle heure de désolation.

« Je suis contente de vous voir, dit-elle simplement, je n'ai vu personne sauf le médecin une fois et le croque-mort deux fois. Il est épouvantable de rester assis seul, heure après heure, face à l'irrémédiable. Si je n'avais pas été assez stupide pour conclure cet accord avec MM. Meeson, j'aurais pu obtenir l'argent en vendant assez facilement mon nouveau livre ; et j'aurais pu emmener Jeannie à l'étranger, et je crois qu'elle aurait survécu, du moins je l'espérais. Mais maintenant, c'est fini et on ne peut rien y faire.

«J'aurais aimé savoir», gaffait Eustace, «j'aurais pu te prêter de l'argent. J'ai cent cinquante livres.

"Tu es très bon," répondit-elle doucement, "mais ça ne sert à rien d'en parler maintenant, c'est fini."

Alors Eustace se leva et s'en alla ; et ce ne fut que lorsqu'il se trouva dans la rue qu'il se rappela qu'il n'avait jamais demandé à Augusta quels étaient ses projets. En effet, la vue de la pauvre Jeannie lui avait fait perdre la tête à tout le reste. Il se consolait cependant en pensant qu'il pourrait rappeler une semaine ou dix jours après les funérailles.

Deux jours plus tard, Augusta suivit les restes de sa sœur bien-aimée jusqu'à leur dernier lieu de repos, puis rentra chez elle à pied (car elle était la seule en deuil), s'assit dans sa robe noire devant le petit feu et réfléchit à sa position. . Qu'avait-elle à faire? Elle ne pouvait pas rester dans ces chambres. Cela lui faisait mal au cœur chaque fois que ses yeux tombaient sur le canapé vide d'en face, teinté du poids habituel de la pauvre Jeannie. Où allait-elle aller et que devait-elle faire ? Elle pourrait obtenir un emploi littéraire, mais son accord avec MM. Meeson la regarda en face. Cet accord a été très largement diffusé. Il l'obligeait à offrir à MM. Meeson toute œuvre littéraire de quelque nature que ce soit, qui pourrait sortir de sa plume au cours des cinq années à venir, au taux fixe de sept pour cent sur le prix publié. De toute évidence, il lui semblait, quoique peut-être à tort, que cette clause pourrait être étendue jusqu'à inclure même un article de journal, et elle connaissait assez bien la nature malveillante de M. Meeson pour être sûre que, si possible, cela serait fait. Il était vrai qu'elle parviendrait peut-être à gagner sa vie de son travail, même avec un salaire de misère de sept pour cent, mais Augusta était une personne pleine d'esprit et déterminée à mourir de faim plutôt que de laisser Meeson gagner d'énormes profits. de son travail . Cette voie lui étant fermée, elle se tourna ailleurs ; mais, regardez où elle pouvait, la perspective était tout aussi sombre.

Le succès littéraire remarquable d'Augusta ne lui avait pas apporté un grand avantage pratique, car dans ce pays, le succès littéraire n'a pas autant d'importance que dans d'autres. En fait, le Britannique moyen a, au fond, un mépris considérable, sinon pour la littérature, du moins pour ceux qui la produisent. La littérature, dans son esprit, est liée à l'idée de mansardes et d'extrême pauvreté ; et c'est pourquoi, ayant le respect national pour l'argent, il le méprise en secret, sinon en public. Un arbre se reconnaît à ses fruits, dit-il. Qu'un homme réussisse au barreau, il gagne des milliers et des milliers par an et est promu aux plus hautes fonctions de l'État. Qu'un homme réussisse dans l'art, et il sera payé mille ou deux mille livres chacun pour ses portraits les plus « en pot ». Mais vos hommes de lettres… eh bien, à quelques heureuses exceptions près, les meilleurs d'entre eux gagnent à peine leur vie. Que peut valoir la littérature si un homme ne peut pas en faire fortune ? C'est ce que soutient le Britannique – sans doute avec une partie de son bon sens. Non qu'il n'ait aucun respect pour le génie. Tous les hommes s'inclinent devant le vrai génie, même s'ils le craignent et l'envient. Mais il pense bien plus au génie mort qu'au génie vivant. Quoi qu'il en soit, il ne fait aucun doute que si, pour une raison quelconque, comme par exemple la découverte soudaine par le grand peuple américain hautement civilisé , que le septième commandement était probablement destiné à s'appliquer aux auteurs, parmi le reste des Dans le monde entier — les récompenses pécuniaires du travail littéraire devraient être davantage mises sur un pied d'égalité avec celles des autres métiers, la littérature — en tant que profession — gravira de nombreux échelons dans l'estime populaire. À l'heure actuelle, si un membre d'une famille s'est lancé dans la haute et honorable vocation (car c'est sûrement les deux) des lettres, ses amis et ses parents ont tendance à parler de lui d'une manière timide et méfiante, pour ne pas dire en s'excusant, chemin; tout comme ils l'auraient fait s'il avait adopté un autre type de création de livres comme moyen de subsistance.

ainsi que, malgré ses succès, Augusta n'avait nulle part où se tourner dans ses difficultés. Elle n'avait absolument aucun lien littéraire. Personne ne l'avait sollicitée et recherchée à cause de son livre. Un ou deux auteurs à Londres et quelques inconnus de différentes régions du pays et de l'étranger lui avaient écrit, c'était tout. Si elle avait vécu en ville, cela aurait pu être différent ; mais, malheureusement pour elle, elle ne l'a pas fait.

Plus elle réfléchissait, moins son chemin devenait clair ; jusqu'à ce qu'enfin elle trouve l'inspiration. Pourquoi ne pas quitter complètement l'Angleterre ? Elle n'avait rien pour la retenir ici. Elle avait un cousin – un ecclésiastique – en Nouvelle-Zélande, qu'elle n'avait jamais vu, mais qui avait lu « Le Vœu de Jemima » et lui avait écrit une gentille lettre à ce sujet. C'était la seule chose délicieuse dans l'écriture de livres ; on s'est fait des amis partout dans le monde. Il l'accueillerait sûrement pendant un certain temps et lui permettrait de gagner sa vie là où Meeson ne la molesterait pas ? Pourquoi ne devrait-elle pas y aller ? Il lui restait vingt livres, et les meubles (dont une coûteuse chaise pour invalide) et les livres en rapporteraient une trentaine de plus – assez pour payer un passage en deuxième classe et laisser quelques livres dans sa poche. Au pire, ce serait un changement, et elle ne pouvait pas vivre plus là-bas qu'ici, aussi le soir même, elle s'assit et écrivit à son cousin ecclésiastique.

CHAPITRE V.
LE KANGOUROU RMS.

C'était un mardi soir qu'un puissant navire sortait majestueusement de l'embouchure de la Tamise et dessinait sa route imposante droit au creux du soleil couchant. La plupart des gens se souviendront d'avoir lu des descriptions du navire à vapeur Kangaroo et d'avoir été étonnés par la puissance de ses moteurs, la beauté de ses aménagements et la vitesse extraordinaire (environ dix-huit nœuds) qu'il a développée au cours de ses essais, avec une consommation de charbon inhabituellement faible. . Cependant, pour ceux qui ne l'ont pas encore fait, on peut affirmer que le Kangourou, « le Petit Kangourou », comme on l'appelait ironiquement parmi les marins, était le tout dernier développement de la science de la construction navale moderne. Tout en elle, depuis la lumière électrique jusqu'aux tubes de la chaudière, reposait sur un système nouveau et breveté.

Il mesurait quatre cents pieds et plus de la proue à la poupe, et dans cet espace étaient encombrés et emballés tout le luxe d'un palais et toutes les commodités d'un hôtel américain. C'était une chose belle et merveilleuse à regarder ; Comme, avec ses cales pleines de marchandises coûteuses et ses ponts encombrés de son fret vivant d'environ un millier d'êtres humains, elle s'éloignait lentement vers la mer, comme si elle répugnait à quitter la terre où elle était née. Mais bientôt, elle sembla rassembler ses énergies et prendre conscience des milliers et des milliers de kilomètres d'eau agitée qui s'étendaient entre elle et le port lointain où son puissant cœur devrait cesser de battre et se reposer pendant un moment. . De plus en plus vite , elle accélérait et repoussait l'eau bouillonnante de ses côtés rapides. Elle courait maintenant à toute vapeur, et la côte de l'Angleterre devenait faible et basse dans la lumière faible et faible, jusqu'à ce qu'enfin elle disparaisse presque du regard d'une grande et mince fille, qui se tenait en avant, s'accrochant à elle. au filet de pavois tribord et regardant avec des yeux gris profonds à travers les eaux perdues. Bientôt Augusta, car c'était elle, ne put plus voir le rivage et se tourna pour regarder les autres passagers et réfléchir. Elle avait le cœur triste, la pauvre fille, et se sentait ce qu'elle était : une véritable épave sur la mer de la vie. Non qu'elle ait grand-chose à regretter de voir la côte disparue. Une petite tombe avec une croix blanche dessus, c'était tout. Elle n'avait laissé aucun ami pour la pleurer, aucun. Mais alors même qu'elle y réfléchissait, le souvenir du beau et agréable visage d'Eustache Meeson et de ses paroles aimables lui vint à l'esprit, et avec cela vint un pincement au cœur lorsqu'elle réfléchit que, selon toute probabilité, elle ne verrait jamais celui-là ou sa femme. entendre à nouveau l'autre. Pourquoi, se demandait-elle, n'était-il pas revenu la voir ? Elle aurait aimé lui dire « au revoir » et avait envie de lui envoyer un mot pour lui annoncer son départ. Cependant, après y avoir réfléchi, elle avait décidé de ne pas le faire ; D'abord, elle ne connaissait pas son adresse, et… eh bien, c'était fini.

Si, par voie de clairvoyance, elle avait vu le visage d'Eustache et entendu ses paroles, elle aurait regretté sa décision. Car alors même que ce grand navire s'enfonçait dans sa course féroce au cœur des ténèbres grandissantes, il se tenait à la porte du logement dans la petite rue de Birmingham.

"Disparu!" il disait. « Miss Smithers est partie en Nouvelle-Zélande ! Quelle est son adresse?"

"Elle n'a laissé aucune adresse, monsieur", répond la sale servante à tout faire avec un sourire. "Elle est partie d'ici il y a deux jours et se dirigeait vers le bateau à Londres."

« Quel était le nom du navire ? » demanda-t-il désespéré. « Kan… Kon… Congre-anguille », répond la jeune fille triomphante et lui ferme la porte au nez.

Pauvre Eustache ! Il était parti à Londres pour tenter de trouver un emploi, et après avoir réussi, après quelques difficultés, à obtenir un poste de lecteur de latin, de français et d'anglais dans une maison d'édition de bonne réputation, au salaire de 180 £ par an, il s'était dépêché de retourner à Birmingham dans le seul but de voir Miss Augusta Smithers, dont, s'il fallait dire toute la vérité, il était, à son honneur, être tombé profondément, véritablement et violemment amoureux. En effet, il en était si loin dans cette voie, qu'il était déterminé à faire tous les progrès qu'il pouvait, et s'il pensait qu'il y avait quelque chance de succès, à déclarer sa passion. C'était peut-être un peu prématuré ; mais alors, dans ces domaines, les gens ont tendance à être plus prématurés qu'on ne le pense généralement. La nature humaine est très prompte à tirer des conclusions dans les matières dans lesquelles est impliqué cet étrange mélange que nous appelons les affections ; peut-être parce que, bien que la conclusion ne soit pas tout à fait agréable, les affections, du moins au début, dépendent largement des sens.

Pitié pour un pauvre jeune homme ! Venir de Londres à Birmingham courtiser sa maîtresse aux yeux gris, dans un wagon de troisième classe également, et la retrouver partie en Nouvelle-Zélande, où les circonstances l'ont empêché de la suivre, sans laisser un mot ni une ligne, ni même une adresse derrière elle! C'était dommage. Eh bien, il n'y avait aucun remède à cette affaire ; alors il marcha jusqu'à la gare, gémit et jura jusqu'à Londres.

Augusta, à bord du Kangourou, ignorait pourtant complètement cet acte de dévouement de la part de son admirateur ; en fait, elle ne savait même pas qu'il était son admirateur. Éprouvant en elle une curieuse sensation de naufrage, elle s'apprêtait à descendre dans sa cabine, qu'elle partageait avec une femme de chambre, ne sachant si elle devait l'attribuer à des scrupules sentimentaux liés à son départ solitaire de sa terre natale, ou à d'autres scrupules liés à la première expérience de la vie sur la vague océanique. À ce moment-là, cependant, un robuste quartier-maître s'adressa à elle d'un ton bourru et l'informa que si elle voulait voir la fin de la « forte Halbion », elle ferait mieux d'avancer un peu et de regarder par-dessus bâbord, et elle verrait quelque chose ou une autre lumière. En conséquence, plus pour se prouver qu'elle n'avait pas le mal de mer que pour toute autre raison, elle le fit et, se tenant aussi loin que les passagers de deuxième classe étaient autorisés à passer, elle regarda les éclairs rapides de la lumière. maison, tandis que seconde par seconde, ils envoyaient leur message à travers les vastes étendues marines.

Alors qu'elle se tenait là, s'accrochant à un chandelier pour se stabiliser, car le navire, aussi grand soit-il, avait commencé à prendre un peu de roulis, elle eut soudain conscience de la silhouette volumineuse d'un homme qui accourut ou plutôt titubant contre les pavois à côté d'elle, où il - ou plutôt lui - tomba instantanément et violemment malade. Augusta, naturellement, fut presque horrifiée de suivre l'exemple de la silhouette, lorsque, s'évanouissant soudainement ou pour une autre cause, elle perdit prise et roula dans les dalots, où elle gisait faiblement en jurant. Augusta, obéissant à un tendre élan d'humanité, se précipita en avant et lui tendit la main de secours , et bientôt, entre son aide et celle du filet du pavois, l'homme lutta pour se relever. Ce faisant, son visage se rapprocha du sien et, dans la pénombre, elle reconnut les traits gras et grossiers, maintenant blanchis par la misère, de M. Meeson, l'éditeur. Il n'y avait aucun doute là-dessus, c'était son ennemi ; l'homme dont le comportement avait indirectement, selon elle, causé la mort de sa petite sœur. Elle lâcha sa main avec une exclamation de dégoût et de consternation, et ce faisant, il reconnut qui elle était.

"Tiens!" » dit-il avec une légère et plutôt faible tentative d'assumer ses belles vieilles manières de maison d'édition. "Tiens! Miss Jemima—Smithers, je veux dire ; qu'est-ce que tu fais ici ?

« Je vais en Nouvelle-Zélande, M. Meeson, » répondit-elle sèchement ; « et je ne m'attendais certainement pas à avoir le plaisir de votre compagnie pendant le voyage.

« Vous allez en Nouvelle-Zélande, dit-il, n'est-ce pas ? Eh bien, moi aussi ; au moins, j'y vais d'abord, puis en Australie. Que veux-tu faire là ? Essayer de contourner notre petit accord, hein ? Cela ne servira à rien, je vous le dis clairement. Nous avons nos agents en Nouvelle-Zélande et une maison en Australie, et si vous essayez de prendre le dessus sur Meeson là-bas, Meeson sera à égalité avec vous, Miss Smithers. Oh, mon Dieu ! J'ai l'impression de m'effondrer. »

"Ne vous inquiétez pas, M. Meeson," répondit-elle, "je ne publierai plus de livres pour le moment."

«C'est dommage», dit-il, «parce que vos produits se vendent bien. N'importe quel éditeur y trouverait de l'argent. Je suppose que vous êtes de seconde classe, Miss Smithers, donc nous ne nous verrons pas beaucoup ; et, peut-être, si nous devions nous rencontrer, ce serait aussi bien si nous ne semblions avoir aucune connaissance. Ce n'est pas le cas J'espère qu'un homme dans ma situation connaît des passagers de seconde classe, surtout des jeunes femmes qui écrivent des romans.

« Vous n'avez pas besoin d'avoir peur, M. Meeson : je n'ai aucune envie de revendiquer votre connaissance », a déclaré Augusta.

À ce stade, son ennemi fut encore une fois violemment aggravé et, incapable de supporter la vue et le son de ses contorsions et de ses gémissements, elle s'enfuit en avant ; et, réfléchissant à cette rencontre étrange et gênante, elle descendit à sa propre couchette, où, par intervalles lucides, elle resta impuissante et à moitié stupide pendant les trois jours suivants. Le quatrième jour cependant, elle reparut sur le pont tout à fait rétablie et avec un excellent appétit. Elle prit son petit déjeuner, puis alla s'asseoir dans un endroit aussi calme qu'elle put trouver. Elle ne voulait plus voir M. Meeson et elle voulait échapper aux histoires de sa compagne de cabine, la femme de chambre. Cette bonne personne, à la manière de son espèce, insistait pour lui répéter une succession d'histoires liées aux membres des familles avec lesquelles elle avait vécu, dont beaucoup suffisaient à faire dresser les cheveux d'une jeune dame respectable comme Augusta. positivement à la fin. Sans doute ils l'intéressaient en sa qualité de romancière ; mais, comme ils étaient tous de la même couleur , et que leur tendance était absolument de détruire toute croyance qu'elle pouvait avoir dans la vertu comme qualité inhérente à la femme hautement développée ou à l'honneur chez l'homme, Augusta se lassa bientôt de ces *chroniques. scandaleuse* . Elle s'avança donc et resta assise à regarder les "chevaux blancs" se poursuivant à travers la plaine aquatique, et réfléchissant à quel serait l'état d'esprit de ces dames dont elle avait récemment entendu les histoires si elles savaient que leur plus secret, et, dans certains cas, honteuses et tragiques, les amours étaient le sujet commun d'une douzaine de chambres de domestiques, quand tout à coup elle fut étonnée par l'apparition d'un splendide fonctionnaire portant un livre. D'abord, à cause de la quantité de dentelles d'or dont son uniforme était orné, Augusta le prit pour capitaine ; mais il s'avéra bientôt qu'il n'était que l'intendant en chef.

"S'il vous plaît, mademoiselle," dit-il en touchant son chapeau et en lui tendant le livre à la main, "le capitaine vous envoie ses compliments et veut savoir si vous êtes la jeune femme qui a écrit ceci."

Augusta jeta un coup d'œil à l'œuvre. C'était une copie du « Vœu de Jemima ». Puis elle répondit qu'elle en était l'auteur, et l'intendant disparut.

Plus tard dans la matinée, une autre surprise survint. Le magnifique fonctionnaire réapparut, toucha sa casquette et dit que le capitaine lui avait demandé de lui dire que l'ordre avait été donné de déplacer ses affaires dans une cabine plus à l'arrière. Au début, Augusta s'y opposa, non pas par amour pour la femme de chambre, mais parce qu'elle avait une objection véritablement britannique à ce qu'on lui donne des ordres.

« Ordres du capitaine, mademoiselle », dit l'homme en touchant de nouveau sa casquette ; et elle a cédé.

Elle n'avait d'ailleurs aucune raison de le regretter ; car, à sa grande joie, elle se retrouva installée dans une charmante cabine sur le pont, à tribord du navire, quelque peu en arrière de la salle des machines. C'était évidemment une cabine d'officier, car là, au-dessus de la tête du lit, se trouvait la photo d'une jeune femme qu'il adorait, ainsi que des étagères de livres soigneusement aménagées, un support de télescopes et d'autres appareils de marin.

« Dois-je avoir cette cabane pour moi seul ? » » demanda Augusta à l'intendant.

"Oui, mademoiselle; ce sont les ordres du capitaine. C'est la cabane de M. Jones. M. Jones est le deuxième officier ; mais il s'est rendu chez M. Thomas, le premier officier, et vous a cédé la cabine.

« Je suis sûre que c'est très gentil de la part de M. Jones », murmura Augusta, ne sachant que penser de ce retournement de fortune. Mais les surprises ne s'arrêtent pas là. Quelques minutes après, au moment où elle sortait de la cabine, arriva un monsieur en uniforme, dans lequel elle reconnut le capitaine. Il était accompagné d'une jolie femme blonde très convenablement habillée.

"Excusez-moi; Miss Smithers, je crois ? dit-il en s'inclinant.

"Oui."

«Je suis le capitaine Alton. J'espère que votre nouvelle cabane vous plaira. Laissez-moi vous présenter Lady Holmhurst , épouse de Lord Holmhurst , le gouverneur de la Nouvelle-Zélande, vous savez. Lady Holmhurst , voici Miss Smithers, dont vous parliez tant du livre.

"Oh! Je suis ravie de faire votre connaissance, Miss Smithers, dit la grande dame d'une manière qui n'était évidemment pas présomptueuse. « Le capitaine Alton a promis que je m'assoirais à côté de vous au dîner, et nous pourrons ensuite avoir une bonne conversation. Je ne sais pas quand j'ai été aussi ravi de quelque chose que de votre livre. Je l'ai lu trois fois, qu'en pensez-vous pour une femme occupée ?

"Je pense qu'il y a une erreur", dit Augusta précipitamment et en rougissant légèrement. "Je suis un passager de deuxième classe à bord de ce navire et je ne peux donc pas avoir le plaisir de m'asseoir à côté de Lady Holmhurst ."

"Oh, tout va bien, Miss Smithers", dit le capitaine avec un rire joyeux. "Vous êtes mon invité et je n'accepterai aucun déni."

"Quand nous trouverons du génie pour une fois dans notre vie, nous ne perdrons pas l'occasion de nous asseoir à ses pieds", ajouta Lady Holmhurst avec un petit mouvement vers elle qui n'était ni une révérence ni un salut, mais plutôt une heureuse combinaison des deux. . Le compliment était, sentait Augusta, sincère, même s'il exagérait la mesure de ses faibles capacités, et, mis à part d'autres choses, était, comme il le faisait d'une femme à l'autre, particulièrement gracieux et surprenant. Elle rougit et s'inclina, sachant à peine quoi dire, quand soudain, le ton dur de M. Meeson, prononcé tout à l'heure sur un ton respectueux, se brisa à son oreille. M. Meeson s'adressait à non moins une personne que Lord Holmhurst , GCMG Lord Holmhurst était un petit homme corpulent, petit et brun, aux manières quelque peu pompeuses et au visage aimable. Il était un gouverneur colonial de première eau et il en était parfaitement conscient.

Or, un gouverneur colonial, même s'il est GCMG lorsqu'il est chez lui, n'est pas un nom à évoquer et n'occupe pas une place exclusive aux yeux du monde anglais. Il existe de nombreux gouverneurs coloniaux au présent et au passé dans les environs de South Kensington, où leur présence ne crée aucune excitation inhabituelle. Mais lorsqu'un de ces honorables corps met le pied sur le vaisseau destiné à le porter jusqu'aux rivages qu'il gouvernera, tout change. Il se dépouille du corps de l'individu ordinaire titulaire et revêt le corps de la fraternité céleste. Bref, de personne hors du commun, il devient, à juste titre, un grand homme. Personne ne le savait mieux que Lord Holmhurst , et pour une personne aimant observer de telles choses, rien n'aurait pu être plus curieux à remarquer que l'augmentation petite mais progressive de la pompe de ses manières, à mesure que le grand navire s'éloignait de jour en jour de l'Angleterre. et plus proche du pays où il était roi. Elle montait, degré par degré, comme un thermomètre qu'on descend dans les entrailles de la terre ou qu'on éloigne peu à peu dans la lumière du soleil. Mais pour le moment, le thermomètre ne fait que monter.

« Je répétais, monseigneur, » dit la voix dure de M. Meeson, « que le principe d' une pairie héréditaire est le plus grand principe que notre pays ait jamais développé. Cela nous donne quelque chose à espérer. En une génération, nous gagnons de l'argent ; dans le suivant, nous prenons le titre que l'argent achète. Regardez votre Seigneurie. Votre Seigneurie est maintenant dans une position fière ; mais, d'après ce que j'ai compris, le père de Votre Seigneurie était un commerçant comme moi.

« Hum !... eh bien, pas exactement, M. Meeson », interrompit Lord Holmhurst . "Cher moi, je me demande qui peut être cette fille extrêmement jolie à qui Lady Holmhurst parle!"

« Maintenant, Votre Seigneurie, pour plaider votre cause », poursuivit Meeson, impitoyable, qui, comme la plupart des gens de sa trempe, avait une vénération presque superstitieuse pour l'aristocratie, « j'ai gagné beaucoup d'argent, car je n'ai pas gagné beaucoup d'argent. pensez à le dire à Votre Seigneurie ; Qu'y a-t-il qui empêcherait mon successeur, à supposer que j'aie un successeur, de profiter de cet argent et de s'élever grâce à lui à une position semblable à celle si dignement occupée par Votre Seigneurie ?

« Exactement, M. Meeson. Une excellente idée pour votre successeur. Excusez-moi, mais je vois Lady Holmhurst me faire signe. Et il s'enfuit précipitamment, toujours suivi par M. Meeson.

"John, mon cher!" dit Lady Holmhurst , je veux vous présenter Miss Smithers, *la* Miss Smithers dont nous avons tous parlé et dont vous avez lu le livre. Miss Smithers, mon mari !

Lord Holmhurst , qui, lorsqu'il n'était pas plongé dans les affaires de l'État, avait un oeil considérable pour une jolie fille - et quel homme digne de ce nom n'en a pas ? - s'inclina très poliment et se mit à dire à Augusta, d'une manière très charmante langue, combien il fut ravi de faire sa connaissance, lorsque M. Meeson arriva sur les lieux et aperçut Augusta pour la première fois. Tout surpris de la trouver, apparemment, dans les meilleurs termes avec des gens d'une telle qualité, il hésita à réfléchir à la conduite à adopter ; sur quoi Lady Holmhurst, d'une manière quelque peu formelle, car elle n'aimait pas beaucoup M. Meeson, se méprenant sur son hésitation, commença à le présenter. Là-dessus, en un instant, comme nous prenons parfois de telles résolutions, Augusta prit une décision. Elle n'aurait plus rien à voir avec M. Meeson ; elle le répudierait sur-le-champ, quoi qu'il en advienne.

Alors, tandis qu'il s'avançait vers elle, la main tendue, elle se redressa et dit d'une voix froide et déterminée : « Je connais déjà M. Meeson, Lady Holmhurst ; et je ne souhaite plus rien avoir à faire avec lui. M. Meeson ne s'est pas bien comporté avec moi.

« « Sur ma parole, » murmura Lord Holmhurst , « je ne m'étonne pas qu'elle en ait assez de lui. Une jeune femme sensée, ça !

Lady Holmhurst parut un peu étonnée et un peu amusée. Mais soudain, une lumière éclata sur elle.

"Oh! Je vois», dit-elle. « Je suppose que M. Meeson a publié « Le Vœu de Jemima ». Bien sûr, cela explique cela. Eh bien, je déclare que la cloche du dîner sonne ! Venez, miss Smithers, ou nous perdrons la place que le capitaine nous a promise. Et, en conséquence, ils sont partis, laissant M. Meeson, qui n'avait pas encore réalisé le caractère sans précédent de la position, haletant sur le pont. Et à bord du Kangourou, il n'y avait ni commis ni rédacteurs contre lesquels il pourrait exercer sa colère !

« Et maintenant, ma chère Miss Smithers, » dit Lady Holmhurst quand, le dîner terminé, ils étaient assis ensemble au clair de lune, près du volant, « peut-être me direz-vous pourquoi vous n'aimez pas M. Meeson, qui, par -en passant, je déteste personnellement. Mais ne le fais pas, si tu ne le souhaites pas, tu sais.

Mais Augusta le souhaitait et, sur-le-champ, elle raconta toute sa triste histoire à l'oreille compatissante de sa nouvelle amie ; et la pauvre fille était bien heureuse de trouver une confidente à qui elle pourrait confier ses chagrins.

– Eh bien, ma foi ! » dit Lady Holmhurst , après avoir écouté, les larmes aux yeux, l'histoire de la mort de la pauvre petite Jeannie, « ma parole, de toutes les brutes dont j'ai jamais entendu parler, je pense que votre éditeur est le pire ! Je vais l'exciser et demander à mon mari de le faire aussi. Mais non, j'ai un meilleur plan que ça. Il déchirera cet accord, aussi sûr que je m'appelle Bessie Holmhurst ; il le déchirera, ou… ou… » – et elle hocha la tête d'un air d'une sagesse infinie.

CHAPITRE VI.
M. TOMBEY VA DE L'AVANT.

À partir de ce jour, le voyage sur le Kangourou fut, jusqu'à la dernière catastrophe redoutable, un voyage très heureux pour Augusta. Lord et Lady Holmhurst ont fait beaucoup d'elle, et tous les autres passagers de première classe ont emboîté le pas, et bientôt elle est devenue le personnage le plus populaire à bord. Les deux exemplaires de son livre qui se trouvaient sur le navire passèrent de main en main jusqu'à ce qu'ils tiennent à peine ensemble, et, en réalité, elle finit par en avoir assez d'entendre parler de ses propres créations. Mais ça n'était pas tout; Augusta était, on s'en souvient, une femme extrêmement jolie, et aussi mélancolique que ce fait puisse paraître, il n'en demeure pas moins qu'une jolie femme est aux yeux de la plupart des gens un objet plus intéressant qu'un homme ou qu'une dame. qui n'est pas « construit de cette façon ». Ainsi arriva-t-il qu'entre sa jeunesse, sa beauté, son talent et ses malheurs - car Lady Holmhurst n'avait pas exactement gardé cette histoire pour elle - Augusta fut tout d'un coup élevée au rang d'héroïne parfaite. Cela effrayait presque la pauvre fille, qui n'était habituée qu'au chagrin, aux mauvais traitements et à une pauvreté écrasante, de se retrouver soudainement dans cette situation étrange, avec tous les hommes à bord de ce grand navire à son écoute. Mais elle était humaine, et donc, bien sûr, elle appréciait ça. C'est quelque *chose* quand on a erré des heures après des heures dans la nuit humide et mélancolique, de voir soudain la belle aube se lever et brûler au-dessus de nous, et de savoir que le pire est passé, car maintenant il y aura de la lumière pour poser nos pieds. . C'est aussi quelque chose pour l'âme la plus chrétienne de triompher totalement et complètement de celui qui a fait tout ce qui était en son pouvoir pour vous écraser et vous détruire ; dont l'avidité avide a été indirectement la cause de la mort de la personne que vous aimiez le plus au monde. Et elle a triomphé. À mesure que la conduite de M. Meeson envers elle évoluait, la petite société du navire, qui était, après tout, un très bon exemple de toute société en miniature, s'éloignait de ce prince éditeur, et même le tintement de ses sacs d'argent ne s'éloignait plus de ce prince éditeur. pourrait l'attirer à nouveau. Lui, le grand, le pratiquement tout-puissant, le propriétaire de deux millions et le dur maître de centaines sur le travail duquel il s'est battu, a été pratiquement *anéanti* . Même l'employé, qui tentait de trouver une place dans une banque néo-zélandaise, n'aurait rien à lui dire. Et qui plus est, il le ressentait plus encore qu'un individu ordinaire ne l'aurait fait. Lui, le « diable de l'imprimeur », comme l'appelait la pauvre petite Jeannie, devait être méprisé et bafoué par une bande de gens qu'il pouvait racheter trois fois, et tout cela à cause d'une misérable auteure, une auteure, s'il vous plaît! Cela a rendu M. Meeson très sauvage - un état de choses qui a atteint son paroxysme lorsqu'un matin, Lord Holmhurst , qui montrait depuis plusieurs jours une aversion croissante pour sa société, l'a presque coupé à mort ; c'est-à-dire qu'il n'a pas remarqué sa main tendue et l'a dépassé avec un léger salut.

« Peu importe, mon Seigneur, peu importe ! » marmonna M. Meeson après la retraite de ce noble quelque peu pompeux mais aimable. « Nous verrons si je ne peux pas me mettre d'accord avec vous. Je suis un chien qui peut tirer une ou deux ficelles dans la presse anglaise, je le suis ! Ceux qui ont de l'argent et ont mis la main sur les gens, pour qu'ils soient obligés d'écrire ce qu'ils leur disent, ne sont pas des gens qui peuvent être supprimés par n'importe quel gouverneur colonial, mon Seigneur ! Et dans sa colère , il brandit le poing en direction du pair inconscient.

« Vous semblez être un peu colérique, M. Meeson », dit une voix à son coude, dont le propriétaire était un grand jeune homme aux traits durs mais aimables et à une grande moustache. « Qu'est-ce que le gouverneur vous a fait ? »

« Ça fait, M. Tombey ? Il m'a coupé, c'est tout – moi, Meeson ! – m'a coupé comme des abats, ou quelque chose comme ça. J'ai tendu la main et il a regardé par-dessus et est passé devant.

"Ah!" a déclaré M. Tombey , qui était un riche propriétaire foncier néo-zélandais ; "Et maintenant, pourquoi pensez-vous qu'il a fait ça?"

"Pourquoi? Je vais vous dire pourquoi. Tout tourne autour de cette fille.

« Miss Smithers, voulez-vous dire ? » » dit Tombey le grand, avec un curieux éclair de ses yeux enfoncés.

« Oui, Mlle Smithers. Elle a écrit un livre, et je l'ai acheté pour cinquante livres, et j'y ai mis une clause selon laquelle elle me donnerait le droit de publier tout ce qu'elle écrivait pendant cinq ans moyennant un certain prix - une sorte de chose assez courante d'une manière ou d'une autre, quand vous avez affaire à un idiot qui ne sait pas grand chose. Eh bien, il se trouve que ce livre s'est vendu comme une traînée de poudre ; et, avec le temps, la jeune femme vient me voir et veut plus d'argent, veut sortir de la clause suspensive de l'accord, veut tout, comme une femme Oliver Twist ; et quand je dis : « Non, tu ne le fais pas », elle s'emporte et fait une scène. Et il s'avère que ce pour quoi elle voulait cet argent, c'était pour emmener hors d'Angleterre une sœur, une cousine, une tante ou quelqu'un malade ; et quand elle n'a pas pu le faire et que la relation est morte, alors elle émigre et va dire aux gens à bord que tout est de ma faute.

"Et je suppose que c'est une conclusion à laquelle vous ne vous sentez pas attiré, M. Meeson ?"

« Non, Tombey , je ne le fais pas. Les affaires sont les affaires; et s'il m'arrive d'être au vent de la jeune femme, eh bien, tant mieux pour moi. Elle acquiert son expérience, c'est tout ; et elle n'est pas la première et ne sera pas la dernière. Mais si elle en dit plus sur moi, je la poursuis pour calomnie, c'est sûr.

« Sur le fondement juridique que plus la vérité est grande, plus la diffamation est grande, je présume ?

«Confondre-la!» continua Meeson sans faire attention à sa remarque, et en contractant ses épais sourcils, il n'y a pas de fin aux ennuis qu'elle m'a causés. Je me suis disputé avec mon neveu à son sujet, et maintenant elle traîne mon nom dans la boue ici, et je parie que l'histoire fera le tour de la Nouvelle-Zélande et de l'Australie.

« Oui, » dit M. Tombey , « j'imagine que vous constaterez qu'il faut beaucoup d'étouffement ; et maintenant, M. Meeson, avec votre permission, je vais dire un mot et essayer de jeter une nouvelle lumière sur une question très déroutante. Il ne semble jamais vous être venu à l'esprit à quel point vous êtes un véritable voyou, alors autant vous le dire clairement. Si vous n'êtes pas un voleur, vous êtes au moins une imitation très colorée . Vous prenez un livre pour fille, vous en faites des centaines et des centaines et vous lui en donnez cinquante. Vous l'attachez, afin de pourvoir à des escroqueries du même genre, dans les années à venir, et puis, lorsqu'elle vient vous mendier quelques livres, vous lui montrez la porte. Et maintenant vous vous demandez, M. Meeson, que les gens respectables n'auront rien à voir avec vous ! Eh bien, maintenant, je vous le dis, *mon* opinion est que la seule société à laquelle vous seriez vraiment adapté est celle du cuir de vache. Bonjour », et le grand jeune homme s'éloigna, ses moustaches frisées de colère et de mépris. Ainsi, pour la seconde fois, le grand M. Meeson entendit la vérité de la bouche des bébés et des nourrissons , et le pire était qu'il ne pouvait pas déshériter le numéro deux comme il avait eu le numéro un.

Maintenant, cela frappera le lecteur comme étant un plaidoyer très chaleureux de la part de M. Tombey , qui, appelé pour consoler et bénir, a maudit avec une vigueur si extraordinaire . Cela peut même frapper le lecteur averti – et tous les lecteurs, ou, du moins, presque tous les lecteurs, sont bien sûr perspicaces – beaucoup trop, en fait – qu'il doit y avoir une raison à cela ; et le lecteur averti aura raison. Les yeux gris d'Augusta avaient été trop pour M. Tombey , comme ils l'avaient été pour Eustace Meeson avant lui. Sa passion avait surgi et mûri de cette manière singulièrement rapide et vigoureuse que les passions à bord des navires. Un bateau à vapeur est le propre foyer de Cupidon et diffère en cela d'un voilier. Sur le voilier, en effet, les étapes préliminaires sont les mêmes. La graine s'enracine aussi fortement, pousse et fleurit avec la même vigueur ; mais voici la partie mélancolique : elle se flétrit et se dégrade avec une égale rapidité. Le voyage est trop long. Trop de choses se révèlent mutuellement. Le fer matrimonial ne peut pas être frappé tant qu'il est chaud, et bien avant la fin des quatre-vingt-dix jours fatiguants, il est de nouveau froid et noir , ou au mieux ne brille que d'une faible chaleur. Mais sur le bateau à vapeur, on n'a pas le temps pour cela, comme tout voyageur le sait. Moi-même — moi, l'historien — j'ai vu de mes propres yeux un couple se rencontrer pour la première fois à Madère, se marier au Cap et continuer comme mari et femme sur le même navire jusqu'au Natal. Et c'est pourquoi il se produisit le soir même une petite scène touchante et, dans l'ensemble mélancolique, se déroula près de la cheminée du Kangourou.

M. Tombey et Miss Augusta Smithers étaient penchés ensemble sur les pavois et regardaient passer l'écume phosphorescente. M. Tombey était nerveux et mal à l'aise ; Miss Smithers très à l'aise et pensant que les moustaches de son compagnon deviendraient très bien un méchant dans un roman.

M. Tombey regarda le ciel étoilé, sur lequel pendait basse la Croix du Sud, et il regarda la mer phosphorescente ; mais l'inspiration n'est venue ni de l'un ni de l'autre. L'inspiration vient de l'intérieur et non de l'extérieur. Mais à la fin, il fit un effort courageux et désespéré.

« Miss Smithers », dit-il d'une voix tremblante d'agitation.

"Oui, M. Tombey ", répondit doucement Augusta; "qu'est-ce que c'est?"

« Miss Smithers, poursuivit - il , Miss Augusta, je ne sais pas ce que vous penserez de moi, mais je dois vous le dire, je ne peux plus le garder, je vous aime !

Augusta sursauta. M. Tombey avait été très, même remarquablement poli, et elle, n'étant pas idiote, avait vu qu'il l'admirait ; mais elle ne s'y était jamais attendue, et la soudaineté avec laquelle le coup de feu fut tiré fut quelque peu déconcertante.

"Eh bien, M. Tombey ," dit-elle d'une voix surprise, "vous ne me connaissez que depuis un peu plus de quinze jours."

«Je suis tombé amoureux de toi alors que je ne te connaissais que depuis une heure», répondit-il avec une sincérité évidente. "S'il te plait écoute moi. Je sais que je ne suis pas digne de toi ! Mais je t'aime tellement tendrement, et je ferais de toi un bon mari ; en effet, je le ferais, je suis aisé ; bien sûr, ce n'est rien ; et si vous n'aimez pas la Nouvelle-Zélande, j'abandonnerais et j'irais vivre en Angleterre. Penses-tu que tu peux m'emmener ? Si tu savais à quel point je t'aime, je suis sûr que tu le ferais.

Augusta rassembla ses esprits du mieux qu'elle put. L'homme l'aimait manifestement ; il n'y avait aucun doute sur la sincérité de ses paroles, et elle l'aimait bien et c'était un gentleman. Si elle l'épousait, tous ses soucis et tous ses ennuis cesseraient, et elle pourrait se reposer avec contentement sur son bras fort. La femme, même douée, n'est pas faite pour combattre le monde de ses propres mains, et cette perspective était séduisante. Mais pendant qu'elle réfléchissait, le beau visage d'Eustache Meeson se dressait devant ses yeux, et, ce faisant, un léger sentiment de répulsion envers l'homme qui la suppliait prenait forme et couleur dans sa poitrine. Eustace Meeson, bien sûr, n'était rien pour elle ; aucun mot ni aucun signe d'affection ne s'étaient échangés entre eux ; et il était probable qu'elle ne le reverrait plus jamais. Et pourtant ce visage se dressait entre elle et cet homme qui la suppliait à ses côtés. De nombreuses femmes, très probablement, ont vu une telle vision du passé et l'ont ignorée, pour découvrir trop tard que ce qui est mis de côté n'est pas nécessairement caché ; car hélas ! ces visages de notre jeunesse disparue ont l'étrange astuce de sortir du tombeau de notre oubli. Mais Augusta n'était pas du grand ordre des opportunistes. Parce qu'une chose pouvait être commode, il ne s'ensuivait pas, selon les exigences de son sens moral, qu'elle soit licite. C'était donc une femme à respecter. Car une femme qui, sauf circonstances très exceptionnelles, dément ses instincts pour satisfaire sa convenance ou son désir de richesse et d'aisance sociale, n'est pas tout à fait une femme à respecter.

En quelques secondes, elle avait pris sa décision.

« Je vous suis très reconnaissante, M. Tombey , » dit-elle ; « vous m'avez fait un grand honneur , le plus grand honneur qu'un homme puisse faire à une femme ; mais je ne peux pas t'épouser.

"Es-tu sûr?" haleta le malheureux Tombey , car ses espoirs étaient grands. « N'y a-t-il aucun espoir pour moi ? Peut-être qu'il y a quelqu'un d'autre !

« Il n'y a personne d'autre, M. Tombey ; et, je suis désolé de le dire, vous ne savez pas à quel point cela me fait de la peine de le dire, je ne peux pas laisser espérer que je changerai d'avis.

Il laissa tomber sa tête dans ses mains pendant une minute, puis la releva.

« Très bien, dit-il lentement ; « On n'y peut rien. Je n'ai jamais aimé aucune femme auparavant et je ne le ferai plus jamais. C'est dommage » — (avec un petit rire dur) — « que tant d'affection de première classe soit gaspillée. Mais voilà ; tout cela fait partie intégrante des expériences agréables qui composent nos vies. Au revoir, Miss Smithers ; au moins, au revoir en tant qu'ami !

« Nous pouvons toujours être amis », balbutia-t-elle.

« Oh non », répondit-il avec un autre rire ; « C'est une idée explosée. Une amitié de cette nature n'est en aucun cas très sûre, et certainement pas dans ces circonstances. La relation est antagoniste aux faits de la vie, et les amis, ou l'un ou l'autre d'entre eux, dériveront soit vers l'indifférence et l'aversion, soit vers quelque chose de plus chaleureux. Vous êtes romancière, Miss Smithers ; peut-être qu'un jour vous écrirez un livre pour expliquer pourquoi les gens tombent amoureux là où leur affection n'est pas recherchée, et à quoi peut servir leur détresse. Et maintenant, encore une fois, au revoir ! et il porta sa main à ses lèvres et l'embrassa doucement, puis, avec un salut, il se retourna et s'en alla.

De tout cela, il ressort clairement que M. Tombey était décidément un jeune homme au-dessus de la moyenne et qui acceptait très bien les punitions. Augusta s'occupa de lui, soupira profondément et essuya même une larme. Puis elle se tourna et marcha vers l'arrière, jusqu'à l'endroit où Lady Holmhurst était assise, profitant de l'air doux du sud, à travers lequel le grand navire se précipitait avec les voiles déployées comme un énorme oiseau blanc, et bavardait avec le capitaine. Alors qu'elle arrivait, le capitaine s'inclina et partit, disant qu'il avait quelque chose à faire, et pendant une minute Lady Holmhurst et Augusta restèrent seules.

"Eh bien, Augusta?" » dit Lady Holmhurst , car elle l'appelait désormais « Augusta ». "Et qu'avez-vous fait de ce jeune homme, M. Tombey , de ce très gentil jeune homme ?" ajouta-t-elle avec emphase.

"Je pense que M. Tombey est allé de l'avant", a déclaré Augusta.

Les deux femmes se regardèrent et, comme des femmes, chacune comprit ce que l'autre voulait dire. Lady Holmhurst n'était pas tout à fait innocente dans l' affaire Tombey .

"Lady Holmhurst ", dit Augusta en prenant le taureau par les cornes, "M. Tombey m'a parlé et a… »

"Je vous l'ai proposé", suggéra Lady Holmhurst , admirant la Croix du Sud à travers ses lunettes. "Tu as dit qu'il était allé de l'avant, tu sais."

"M'a proposé", répondit Augusta, ignorant la petite blague. « Je regrette, poursuivit-elle précipitamment, de n'avoir pas pu me conformer aux projets de M. Tombey .

"Ah!" dit lady Holmhurst ; « Je suis désolé pour certaines choses. M. Tombey est un jeune homme très gentil et très gentleman. J'ai pensé que cela pourrait peut-être convenir à vos vues et que cela aurait simplifié vos arrangements futurs. Mais pour ce qui est de cela, bien entendu, pendant que vous serez en Nouvelle-Zélande, je pourrai y veiller. À propos, il est entendu que vous venez passer quelques mois chez nous à Government House, avant de retrouver votre cousin.

« Vous êtes très gentille avec moi, Lady Holmhurst », dit Augusta avec une sorte de sanglot.

« Supposons, ma chère, » répondit la grande dame en posant sa petite main sur les beaux cheveux d'Augusta, « que vous laissiez tomber le « Lady Holmhurst » et m'appeliez « Bessie ? ça a l'air tellement plus sociable, vous savez, et en plus ; il est plus court et ne fait pas perdre autant de souffle.

Alors Augusta sanglota, car ses nerfs étaient ébranlés : « Vous ne savez pas ce que votre bonté signifie pour moi, dit-elle ; "Je n'ai jamais eu d'ami et depuis la mort de mon chéri , je me sens très seule !"

CHAPITRE VII.
LA CATASTROPHE.

Et ainsi ces deux belles femmes parlaient, faisant des projets pour l'avenir comme si tout durait pour toujours et que tous les projets étaient destinés à se réaliser. Mais alors même qu'ils parlaient, quelque part dans les cieux, la Voix qui gouverne le monde prononça un mot, et le Messager du Destin se précipita pour exécuter ses ordres. À bord du grand navire, il y avait de la musique, des rires et les douces voix de femmes chanteuses ; mais au-dessus pendait un voile de malheur. Pas le cœur le plus timide ne rêvait de danger. Quel danger pouvait-il y avoir à bord de ce grand navire, qui filait sur les vagues avec la légèreté et la confiance de l'hirondelle ? Il n'y avait rien à craindre. Un voyage prospère touchait à sa fin, et les mères endormaient leurs enfants avec un cœur aussi sûr que s'ils étaient sur la solide terre anglaise. Oh! sûrement, lorsque sa charge débordante de chagrins et de terribles misères a été infligée à l'homme, un doux Esprit a plaidé pour lui - qu'il ne devrait pas avoir de prévoyance ajoutée au récit, qu'il ne devrait pas voir le couteau tomber ou entendre le clapotis de l'eau ce jour-là. l'enterrera-t-il ? Ou bien a-t-elle été retenue parce que l'homme, ayant la connaissance, serait homme sans raison ? — car la terreur le rendrait fou, et il mettrait fin à ses peurs en hâtant leur accomplissement ! Au moins, nous sommes aveugles à l'avenir et soyons reconnaissants pour cela.

Bientôt Lady Holmhurst se leva de sa chaise et dit qu'elle allait se coucher, mais qu'elle devait avant tout embrasser Dick, son petit garçon, qui dormait avec sa nourrice dans une autre cabine. Augusta se leva et l'accompagna, et elles embrassèrent toutes deux l'enfant endormi, un joli garçon de cinq ans, puis elles s'embrassèrent et se séparèrent pour la nuit.

Quelques heures après, Augusta se réveilla très agitée. Pendant une heure ou plus, elle resta là à penser à M. Tombey et à bien d'autres choses, et à écouter le « tour, tour » rapide de l'eau qui glissait le long des parois du navire, et le piétinement occasionnel de la montre alors qu'ils se rafraîchissaient. voiles. Finalement , son inquiétude devint trop forte pour elle, et elle se leva et s'habilla partiellement, très partiellement - car dans l'obscurité elle ne pouvait trouver que sa veste de flanelle et son jupon - enroula ses longs cheveux en une bobine autour de sa tête, mit sur un chapeau et un épais ulster accrochés à la porte — car ils couraient vers des latitudes fraîches — et se glissèrent sur le pont.

L'aube approchait, mais la nuit était encore sombre. Levant les yeux, Augusta pouvait à peine distinguer les contours des énormes voiles ventrales, car le Kangourou se précipitait devant le vent d'ouest avec une pleine vapeur, et chaque centimètre de sa toile était prêt à soulager la vis. Il y avait quelque chose de très exaltant dans le mouvement, la fraîcheur de la nuit et le chant sauvage et doux du vent qui chantait parmi les gréements. Augusta tourna son visage vers lui, et, étant seule, étendit les bras comme pour l'attraper. Cette scène entière éveilla dans son cœur une certaine grandeur ; quelque chose qui sommeille au sein de la race supérieure des êtres humains, et qui ne bouge que faiblement lorsque les passions les animent ou lorsque la nature communie avec ses enfants les plus nobles. Elle sentait qu'à ce moment-là elle pouvait écrire comme elle n'avait jamais écrit encore. Toutes sortes de belles idées, toutes sortes d'aspirations à ce noble calme, à cette pureté de pensée et de vie pour laquelle nous prions et aspirons, mais que nous ne sommes pas autorisés à atteindre, affluèrent dans son cœur. Elle crut presque entendre la voix de sa Jeannie perdue appelant le vent, et sa forte imagination commença à la peindre planant comme un oiseau de mer sur des ailes blanches au-dessus de la pointe effilée du grand mât et regardant à travers l'obscurité dans l'âme de son âme. elle aimait. Puis, par ces degrés faibles et imperceptibles avec lesquels les pensées se fondent les unes dans les autres, de Jeannie, sa pensée se dirigea vers Eustace Meeson. Elle se demandait s'il était déjà venu au logement à Birmingham après son départ ? D'une manière ou d'une autre, elle avait l'impression qu'il ne lui était pas tout à fait indifférent ; il y avait eu un regard dans ses yeux qu'elle ne comprenait pas très bien. Elle aurait presque souhaité lui avoir envoyé une ligne ou un message. Peut-être qu'elle le ferait depuis la Nouvelle-Zélande. A ce moment, ses méditations furent interrompues par un pas, et, se retournant, elle se trouva face à face avec le capitaine.

« Eh bien, Miss Smithers ! » dit-il, que diable faites-vous ici à cette heure ? inventer des romans ?

«Oui», répondit-elle en riant et avec une parfaite vérité. « Le fait est que je ne pouvais pas dormir, alors je suis monté sur le pont ; et c'est très agréable !

« Oui, » dit le capitaine, « si vous voulez mettre quelque chose dans vos histoires, vous ne trouverez rien de mieux que cela. Le kangourou montre ses talons, n'est-ce pas, Miss Smithers ? C'est sa beauté, il sait naviguer aussi bien qu'à vapeur ; et quand il y a un vent fort comme celui-ci à l'arrière, il faudrait que ce soit quelque chose de très rapide qui l'attraperait. Je crois que nous roulons à plus de dix-sept nœuds par heure depuis minuit. J'espère être à sept heures à l'île Kerguelen pour corriger mes chronomètres.

"Qu'est-ce que l'île Kerguelen ?" demanda Augusta.

"Oh! c'est un endroit désert où personne ne va, sauf de temps en temps un baleinier pour faire le plein d'eau. Je crois que les astronomes y ont envoyé une expédition, il y a quelques années, pour observer le transit de Vénus : mais ce fut un échec parce que le temps était si brumeux — c'est presque toujours brumeux là-bas. Eh bien, je dois partir, Miss Smithers. Bonne nuit; ou plutôt bonjour.

Avant que les mots ne soient complètement sortis de sa bouche, il y eut un cri sauvage : « *Navire en avant* ! Puis vint un cri horrible provenant d'une douzaine de voix : « *tribord ! Tout à fait à tribord, pour l'amour de Dieu* .

D'un bond sauvage, semblable à celui d'un homme soudain abattu, le capitaine quitta son flanc et se précipita sur le pont. Au même instant, la cloche du moteur sonna et les chaînes de direction commencèrent à trembler furieusement sur les rouleaux à ses pieds tandis que l'appareil à gouverner à vapeur faisait son travail. Puis vint un autre cri—

" *C'est un baleinier !... pas de lumière* ! " et un cri de terreur en réponse provenant d'un gros objet noir qui se profilait devant nous. Avant que les échos ne se soient éteints, avant même que le grand navire puisse répondre à sa barre, il y eut un fracas, comme Augusta n'en avait jamais entendu parler, et un choc écœurant, qui la jeta à quatre pattes sur le pont, secouant le fer. les mâts jusqu'à ce qu'ils tremblent comme s'ils étaient des baguettes de saule, et faisant battre les énormes voiles et s'envoler un instant. Le grand navire, s'élançant à sa vitesse effroyable de dix-sept nœuds, s'était enfoncé dans le navire qui le précédait avec une énergie si hideuse qu'il le coupa en deux, le coupa en deux et passa dessus, comme s'il eût été un bateau de plaisance !

Des cris de désespoir se succédèrent perçant la nuit sombre, puis, alors qu'Augusta se relevait péniblement, elle sentit une horrible succession de bosses, accompagnées d'un bruit écrasant et grinçant. C'était le kangourou qui passait juste au-dessus des restes du baleinier.

En très peu de secondes, ce fut fait, et en regardant vers l'arrière, Augusta put distinguer quelque chose de noir qui semblait flotter une seconde ou deux sur l'eau, puis disparaître dans ses profondeurs. C'était la coque brisée du baleinier.

Puis il y eut un léger murmure, qui se transforma d'abord en un bourdonnement, puis en un rugissement, et enfin en une clameur qui déchira les cieux, et de chaque écoutille et cabine du grand navire, des êtres humains – hommes, femmes et des enfants arrivaient en courant et en tombant, avec des visages blancs de terreur, blancs comme leurs vêtements de nuit. Certains étaient absolument nus, ayant enlevé leur chemise de nuit et n'ayant pas le temps de mettre autre chose ; certains avaient enfilé des ulsters et des capotes, d'autres avaient des couvertures jetées autour d'eux ou portaient leurs vêtements à la main. Ils arrivèrent, des centaines et des centaines d'entre eux (car il y avait un millier d'âmes à bord du Kangourou), se déversant vers l'arrière comme des esprits terrifiés fuyant la bouche de l'Enfer, et d'eux s'élevait une clameur si hideuse que peu de gens ont vécu pour entendre.

Augusta s'accrochait aux filets pour laisser passer la ruée, essayant de rassembler ses sens dispersés et de s'empêcher d'attraper la terrible contagion de la panique. En tant que femme courageuse et calme, elle a rapidement réussi, et avec sa clarté de vision retrouvée, elle a réalisé qu'elle et tous à bord étaient en grand péril. Il était clair qu'une collision aussi effroyable n'aurait pas pu avoir lieu sans blesser leur propre navire. Rien d'autre qu'un bélier blindé n'aurait pu résister à un tel choc, ils couleraient probablement en quelques minutes et tous se noieraient. Dans quelques minutes, elle sera peut- être morte ! Son cœur s'arrêta devant l'horreur de cette pensée, mais une fois de plus elle se reprit. Eh bien, après tout, la vie n'avait pas été agréable ; et elle n'avait rien à craindre d'un autre monde, elle n'avait rien fait de mal. Puis soudain, elle se mit à penser aux autres. Où était Lady Holmhurst ? et où étaient le garçon et la nourrice ? Agissant sur une impulsion qu'elle ne resta pas à réaliser, elle courut vers l'écoutille du salon. C'était assez clair maintenant, car la plupart des gens étaient sur le pont, et elle trouva son chemin jusqu'à la cabine de l'enfant sans trop de difficulté. Il y avait de la lumière, et le premier coup d'œil lui apprit que la nourrice était partie ; parti et abandonna l'enfant, car il était là, endormi, avec un sourire sur son petit visage rond. Le choc avait à peine réveillé le garçon, et, ne connaissant rien aux naufrages, il venait de fermer les yeux et de se rendormir.

« Dick, Dick ! » dit-elle en le secouant.

Il bâilla et s'assit, puis se jeta à nouveau en disant : « Dick a sommeil.

« Oui, mais Dick doit se réveiller, et Tante » (il l'appelait « tante ») « l'emmènera sur le pont à la recherche de Maman. Ne serait-ce pas agréable d'aller sur le pont dans le noir ?

« Oui, » dit Dick avec confiance ; et Augusta le prit sur ses genoux et le fit enfiler en toute hâte les vêtements qui lui étaient utiles, aussi vite qu'elle le pouvait. Sur la porte de la cabine se trouvait une petite vareuse chaude que l'enfant portait quand il faisait froid. Elle l'enfila par-dessus son chemisier et sa chemise en flanelle, puis, après coup, elle enleva les deux couvertures de sa couchette et les enroula autour de lui. Au pied du lit de l'infirmière se trouvait une boîte de biscuits et du lait. Elle vidait les biscuits dans les poches de son ulster, et après avoir donné à l'enfant autant de lait qu'il pouvait en boire, elle avalait elle-même le reste. Puis, épinglant un châle qui pendait autour de ses propres épaules, elle prit l'enfant et se dirigea avec lui sur le pont. A la tête du compagnon , elle rencontra Lord Holmhurst lui-même, qui se précipitait pour s'occuper de l'enfant.

« Je l'ai, Lord Holmhurst , » s'écria-t-elle ; « L'infirmière s'est enfuie. Où est ta femme?"

« Soyez bénis, » dit-il avec ferveur ; "vous êtes une bonne fille. Bessie est cachée quelque part : je ne la laisserais pas venir. Ils essaient d'éloigner les gens des bateaux – ils sont tous fous !

« Sommes-nous en train de couler ? » demanda-t-elle faiblement.

« Dieu sait… ah ! voici le capitaine », désignant un homme qui marchait, ou plutôt se frayait un chemin rapidement vers eux à travers la foule affolée et hurlante. Lord Holmhurst le saisit par le bras.

« Laisse-moi partir », dit-il brutalement, essayant de se libérer. "Oh! c'est vous, Lord Holmhurst .

"Oui; entrez ici une seconde et dites-nous le pire. Parle, mec, et dis-nous tout !

« Très bien, Lord Holmhurst , je le ferai. Nous avons renversé un baleinier d'environ cinq cents tonnes, qui naviguait sous une toile réduite et ne montrait aucun feu. Notre compartiment avant est en plein cœur du poêle, faisant ressortir les plaques de chaque côté de la coupe-eau et desserrant la cloison avant. Le charpentier et ses compagnons font de leur mieux pour le consolider de l'intérieur avec des bottes de bois, mais l'eau entre comme un ruissellement de moulin et je crains qu'il n'y ait d'autres blessures. Toutes les pompes fonctionnent, mais il y a beaucoup d'eau, et si la cloison tombe"…

«Nous y irons aussi», dit calmement Lord Holmhurst . « Eh bien, nous devons prendre les bateaux. Est-ce tout?"

"Au nom du ciel, cela ne suffit-il pas !" » dit le capitaine en levant les yeux, de sorte que la lumière qui était fixée dans le compagnon mettait en relief son visage horrible. « Non, Lord Holmhurst , ce n'est pas tout. Les bateaux pourront accueillir plus de trois cents personnes. Il y a environ mille âmes à bord du Kangourou, dont plus de trois cents femmes et enfants.

« Par conséquent, les hommes doivent se noyer», dit doucement Lord Holmhurst . « La volonté de Dieu sera faite ! »

« Votre Seigneurie prendra bien sûr place dans les bateaux ? » dit précipitamment le capitaine. « Je leur ai ordonné de se préparer et, heureusement, le jour se lève. Je compte sur vous pour expliquer les choses aux propriétaires si vous vous échappez et pour innocenter ma réputation. Les bateaux doivent faire route vers la Terre de Kerguelen. C'est à environ soixante-dix milles à l'est.

« Vous devez transmettre votre message à quelqu'un d'autre, capitaine », fut la réponse ; "Je resterai et partagerai le sort des autres hommes."

Il n'y avait plus aucune pompe chez Lord Holmhurst maintenant – tout cela avait disparu – et il ne restait plus que la nature simple et galante du gentleman anglais.

"Non, non", dit le capitaine alors qu'ils se précipitaient vers l'arrière, se frayant un chemin à travers la foule distraite et effrayée. "As-tu ton revolver ?"

"Oui."

« Eh bien, gardez-le à portée de main ; vous devrez peut-être l'utiliser tout de suite : ils essaieront de précipiter les bateaux.

À ce moment-là, l'aube grise se levait lentement, jetant une lumière froide et épouvantable sur la hideuse scène de terreur. Autour des bateaux étaient rassemblés les officiers et une partie de l'équipage, faisant de leur mieux pour les préparer à la mise à l'eau. En effet, l'un d'entre eux s'était déjà enfui. Il y avait là Lady Holmhurst , qui avait été jetée là contre sa volonté, criant après son enfant et son mari, et une vingtaine de femmes et d'enfants, ainsi qu'une demi-douzaine de marins et un officier.

Augusta aperçut le visage de son amie dans la faible lumière. « Bessie ! Bessie! Dame Holmhurst ! elle a pleuré : « J'ai le garçon. Tout va bien, j'ai le garçon !

Elle l'entendit et agita sauvagement la main vers elle ; puis les hommes dans le bateau cédèrent, et en une seconde il fut hors de portée de voix. À ce moment-là, une grande forme saisit Augusta par le bras. Elle leva les yeux : c'était M. Tombey , et elle vit que dans son autre main il tenait un revolver.

"Dieu merci!" il lui a crié à l'oreille : « Je t'ai trouvé ! Par ici... par ici, vite ! Et il la traîna vers l'arrière jusqu'à l'endroit où deux matelots, debout près des bossoirs qui soutenaient un petit bateau, la descendaient jusqu'au niveau des pavois.

« Maintenant, les femmes ! » » a crié un officier qui était en charge de l'opération. Certains hommes se précipitèrent.

"Les femmes d'abord! Les femmes d'abord!"

« Je ne suis pas pressée, » dit Augusta en s'avançant avec l'enfant tremblant dans ses bras ; et son action pendant quelques secondes produisit un effet calmant, car les hommes s'arrêtèrent.

"Allez!" » dit M. Tombey , en se baissant pour la soulever par-dessus le bord, pour être presque renversé par un homme qui faisait un effort désespéré pour monter dans le bateau. C'était M. Meeson et, le reconnaissant , M. Tombey lui a porté un coup qui l'a fait reculer.

"Mille livres pour une place!" » rugit-il. « Dix mille livres pour une place dans un bateau ! » Et une fois de plus, il grimpa sur les pavois, piétinant un enfant ce faisant, et fut une fois de plus rejeté en arrière.

M. Tombey a pris Augusta et l'enfant dans ses bras forts et les a mis dans le bateau. Ce faisant, il l'embrassa sur le front et murmura : « Que Dieu vous bénisse, au revoir !

À cet instant, il y eut un grand bruit en avant, et la poupe du navire se souleva sensiblement. La cloison avait cédé, et il y eut un cri comme on en avait rarement entendu auparavant. Aux oreilles d'Augusta, cela semblait prendre la forme du mot « *Sinking* !

Des entrailles du navire surgirent les pompiers dont l'aspect des visages noircis, bordés de stries blanches de sueur, ajoutait un nouvel élan de terreur à la foule affolée. Ils arrivèrent ensuite, accompagnés d'une foule de marins et d'émigrants.

« Dépêchez les bateaux », chantait une voix avec un fort accent irlandais, « ou bien sûr, nous allons nous noyer ! »

Comprenant l'allusion, la foule affolée s'est précipitée vers les bateaux comme une inondation, blasphémant et hurlant au fur et à mesure. En un instant, les femmes et les enfants qui attendaient de monter à bord du bateau, dans lequel se trouvaient déjà Augusta et les deux marins, furent balayés et un effort déterminé fut déployé pour le précipiter, dirigé par un grand Irlandais, le même. qui avait appelé.

Augusta a vu M. Tombey , Lord Holmhurst , qui était arrivé, et l'officier lever leurs pistolets, qui ont explosé presque simultanément, et l'Irlandais et un autre homme se sont précipités en avant, à quatre pattes.

« Peu importe les pistolets, les gars », cria une voix ; « Autant être abattu que noyé. Il n'y a pas de place pour la moitié d'entre nous dans les bateaux ; allez!" Et une seconde course effroyable se produisit, qui emporta les trois messieurs, tirant au passage, droit contre les filets.

« Bill, » vociféra l'homme qui tenait le premier palan, « abaissez-vous ; nous serons précipités et submergés !

Bill obéit cœur et âme et coula le bateau sous le niveau des ponts supérieurs, juste au moment où la foule prenait le contrôle. Au bout de cinq secondes , ils étaient suspendus au-dessus de l'eau, et pendant qu'ils étaient dans cette position, un homme sauta sur le bateau depuis les pavois. Il frappa les bancs, roula dans l'eau et ne fut plus vu. Une dame, épouse d'un juge colonial, a jeté son enfant ; Augusta a essayé de l'attraper, mais l'a raté, et le garçon a coulé et s'est perdu. Un instant plus tard, les deux marins s'étaient éloignés du bord du navire. Ce faisant, la poupe du Kangourou s'est soulevée hors de l'eau afin qu'ils puissent voir sous le poste de gouvernail. À ce moment-là aussi, avec un cri de terreur, M. Meeson, chez qui le principe élémentaire de conservation à tout prix était fortement développé, se jeta du côté et tomba avec éclaboussement à quelques pieds du bateau. Remontant à la surface, il s'agrippa au plat-bord et implora d'être pris en charge.

« Frappez les jointures de cette vieille vermine, Bill », cria l'autre homme ; "Il va nous contrarier!"

"Non; Non!" s'écria Augusta, le cœur de femme ému de voir son vieil ennemi dans un pareil cas. "Il y a beaucoup de place dans le bateau."

« Attendez », dit l'homme auquel on s'adressait et qui s'appelait Johnnie ; "Quand nous serons clairs, nous vous emmènerons."

Et, le lecteur peut en être sûr, M. Meeson a tenu bon jusqu'à ce qu'après avoir ramé une cinquantaine de mètres, les deux hommes se soient arrêtés et se soient mis, non sans quelques risques et difficultés (car il y avait une mer considérable), à hisser M. La grande forme de Meeson au-dessus du plat-bord du bateau.

Pendant ce temps, les horreurs à bord du navire condamné redoublaient, alors qu'elle s'installait lentement dans sa tombe aquatique. En avant, la corne de brume avançait sans cesse, mugissant comme mille taureaux furieux ; tandis que, de temps en temps, une fusée s'envolait encore dans l'air brumeux du matin. Autour des bateaux se faisait une guerre hideuse. Augusta vit un grand nombre d'hommes sauter dans l'un des plus grands canots de sauvetage, qui était encore accroché aux bossoirs, ayant évidemment eu raison de ceux qui essayaient de le remplir de femmes et d'enfants. La seconde suivante, ils abaissaient le palan arrière, mais, par quelque accroc ou malentendu, pas le premier ; avec pour résultat que la poupe du bateau tomba alors que la proue restait fixe, et que toutes les âmes qui se trouvaient à bord, environ quarante ou cinquante personnes, furent projetées à l'eau. Un autre bateau a été renversé par la mer alors qu'il s'immobilisait sur l'eau. Un autre, rempli de femmes et d'enfants, arriva sans problème à l'eau, mais resta attaché au navire par le palan d'étrave. Lorsque, quelques minutes après, le Kangourou a coulé, personne n'avait sous la main un couteau pour couper la corde, et le bateau a été entraîné avec lui, et tous ses occupants se sont noyés. Les bateaux restants, à l'exception de celui dans lequel se trouvait Lady Holmhurst , et qui s'était enfui avant le début de la ruée, ne furent jamais mis à l'eau du tout, ou coulèrent aussitôt qu'ils furent mis à l'eau. Il était impossible de les abaisser en raison du comportement fou des foules affolées, qui se battaient comme des bêtes sauvages pour y avoir une place. Quelques messieurs et matelots sobres ne pouvaient rien faire contre une foule de créatures frénétiques, chacune déterminée à sauver sa propre vie, si cela coûtait la vie de tous les autres à bord.

Et c'est ainsi que ce fut exactement vingt minutes après le moment où le Kangourou coula le baleinier (car, bien que ces événements aient mis du temps à être décrits, ils ne tardèrent pas à se réaliser) que son heure arriva et, à l'exception de quelques vingt-huit âmes, en tout, l'heure aussi de chaque être vivant qui avait pris passage en elle.

CHAPITRE VIII.
TERRE DE KERGUELEN.

Dès que M. Meeson, sauvé de la noyade grâce à son intervention, resta haletant au fond du bateau, Augusta, prise d'un malaise momentané, laissa tomber sa tête en avant sur le paquet de couvertures dans lequel elle avait enveloppé l'enfant. elle avait secouru, et qui, trop terrifié pour parler ou pleurer, regardait autour de lui avec des yeux grands ouverts et effrayés. Lorsqu'elle le releva, quelques secondes plus tard, un rayon du soleil levant avait percé la brume et frappé de plein fouet le navire en train de couler, alors que, sa poupe bien hors de l'eau et sa proue bien en dessous, elle roula d'un air maussade vers et au milieu de la mer agitée, semblait l'envelopper de la coque au camion dans une lumière sauvage et orageuse.

"Elle s'en va !... par George, elle s'en va !" » dit le matelot Johnnie ; Et pendant qu'il disait cela, le puissant navire se dressait lentement. Lentement, très lentement, au milieu des cris hideux et désespérés des misérables condamnés à bord, elle souleva sa poupe de plus en plus haut et enfonça sa proue de plus en plus profondément. Ils criaient, ils criaient au secours du Ciel ; mais le Ciel n'en a pas tenu compte, car l'agonie de l'homme ne peut empêcher sa perte. Pendant un moment, elle se tenait presque debout sur l'eau, d'où une centaine de pieds de sa vaste longueur s'élevait comme une monstrueuse croissance océanique, tandis que les hommes tombaient d'elle en averses, comme des mouches engourdies par le gel, vers le bas dans l'eau. barattage de mousse en dessous. Puis soudain, avec une précipitation rapide et terrible, avec un bruit déchirant de longerons brisés, une forte explosion de ses chaudières et un boum étouffé de cloisons éclatées, elle s'enfonça dans les profondeurs sans mesure, et on ne la revit plus pour toujours.

L'eau se refermait là où elle avait été, bouillante, moussant et aspirant toutes choses à la suite de son dernier voyage, tandis que la vapeur et l'air emprisonné montaient en énormes jets sifflants et en bulles qui explosaient en gerbes à la surface.

Les hommes gémissaient, l'enfant regardait stupéfait et Augusta s'écria : « *Oh ! Oh* !" comme quelqu'un qui souffre.

« Ramez en arrière ! » haleta-t-elle, "reculez et voyez si nous ne pouvons pas en ramasser quelques-uns."

"Non! Non!" cria Meeson ; "Ils vont couler le bateau !"

"'Taint est très utile de toute façon", a déclaré Johnnie. « Je doute que quelques-uns d'entre eux reviennent. Ils sont allés trop loin !

Cependant, ils remirent la tête du bateau en marche – assez lentement, pensa Augusta – et ce faisant, ils entendirent un ou deux faibles cris. Mais au moment où ils atteignirent l'endroit où le kangourou s'était écrasé, il n'y avait plus aucune créature vivante en vue ; rien que le bruit des grandes vagues, sur lesquelles le brouillard se refermait épais et lourd comme un voile. Ils crièrent, et une fois qu'ils entendirent une faible réponse, ils ramèrent vers elle ; mais lorsqu'ils arrivèrent à l'endroit d'où le bruit semblait provenir, ils ne virent rien d'autre qu'une épave. Ils étaient tous morts, leur agonie était terminée, leurs cris ne montaient plus vers les cieux impitoyables ; et le vent, le ciel et la mer étaient exactement comme ils étaient.

"Oh mon Dieu! mon Dieu!" pleura Augusta en s'accrochant aux bancs du bateau qui se balançait.

"Un bateau s'est enfui, où est-il ?" » demanda M. Meeson, qui, une silhouette mouillée et misérable, était blotti dans les écoutes arrière, tandis qu'il roulait ses yeux fous autour de lui, s'efforçant de percer le rideau de brume.

"Il y a quelque chose", dit Johnnie, pointant à travers un chien de brouillard dans la brume, qui semblait devenir plus dense plutôt que autrement à mesure que la lumière augmentait, vers un objet rond, semblable à un bateau, qui était soudainement apparu à tribord d'eux.

Ils ramèrent jusqu'à lui ; c'était un bateau, mais vide et flottant le fond vers le haut. Un examen plus approfondi montra qu'il s'agissait du cotre qui, lorsqu'il était rempli de femmes et d'enfants, avait été attaché au navire et entraîné avec lui alors qu'il coulait. À une certaine profondeur, la pression de l'eau avait été trop forte et lui avait arraché physiquement l'anneau de la proue, de sorte qu'il était revenu à la surface. Mais ceux qui étaient en elle ne revinrent pas – du moins pas encore. Une fois de plus, dans deux ou trois jours, ils surgiraient des profondeurs aquatiques et regarderaient le ciel avec des yeux incapables de voir, puis disparaîtraient à jamais .

Se détournant de ce spectacle terrible et émouvant, ils ramèrent lentement à travers une quantité d'épaves flottantes - des tonneaux, des poulaillers (dans l'un d'eux ils trouvèrent deux poules noyées, qu'ils sécurisirent), et bien d'autres articles, tels que des rames et des transats en osier. — et se mirent à crier vigoureusement dans l'espoir d'attirer l'attention des survivants de l'autre bateau, qu'ils imaginaient ne pas être très loin. Leurs efforts se révélèrent cependant infructueux, à cause de l'épaisseur du brouillard ; et dans la mer considérable qui courait, il était impossible de voir à plus d'une vingtaine de mètres. De plus, entre le vent, le clapotis et le tumulte de l'eau, le son de leurs voix ne voyageait pas loin. L'océan est un vaste endroit, et un bateau à rames se perd facilement de vue sur sa surface sillonnée ; il n'est donc pas étonnant que, bien que les deux bateaux se trouvaient à ce moment à moins d'un demi-mille l'un de l'autre, ils ne se soient jamais rencontrés, et

chacun ait suivi sa route séparée dans l'espoir d'échapper au sort du navire.
Le bateau dans lequel se trouvaient Lady Holmhurst et une vingtaine d'autres
passagers, ainsi que le second officier et un équipage de six hommes, après
avoir vu le Kangourou couler et récupéré un survivant, se dirigea vers la terre
de Kerguelen, croyant qu'eux, et eux seuls , restait à raconter l'histoire de cet
horrible naufrage. Et ici, il peut être opportun de déclarer qu'avant la tombée
de la nuit, ils furent récupérés par un baleinier qui les accompagna jusqu'à
Albany, sur la côte australienne. De là, un récit du désastre, qui, comme le
lecteur s'en souvient, a créé une profonde impression, a été télégraphié à la
maison, et de là, en temps voulu, la veuve Lady Holmhurst et la plupart des
autres femmes qui se sont échappées ont été ramenées en Angleterre.

Revenons à notre héroïne et à M. Meeson.

Les occupants du petit bateau se regardèrent les uns les autres avec des
visages blancs et effrayés, jusqu'à ce qu'enfin l'homme appelé Johnnie, qui,
soit dit en passant, n'était pas un goudron d'un visage très aimable, peut-être
en raison du fait que son nez était presque à plat contre le côté de son visage,
il jura violemment et dit : « Cela ne servait à rien de rester là toute la journée,
etc. ». Sur ce, Bill, qui était un homme à l'air plus jovial, remarqua « que lui,
Johnnie, avait bien raison , alors ils feraient mieux de hisser la voile d'avant.
»

Augusta intervint alors et leur dit que le capitaine, au moment où le navire
entrait en collision, lui avait fait savoir qu'il se dirigeait vers la terre de
Kerguelen, qui n'était qu'à soixante ou soixante-dix milles. Ils avaient une
boussole dans le bateau et connaissaient la direction que suivait le
Kangourou lorsqu'il a coulé. En conséquence, sans perdre plus de temps, ils
levèrent autant de voiles que le petit bateau pouvait en porter dans la forte
brise, et coururent presque plein est devant le vent constant d'ouest. Toute
la journée, ils coururent à travers l'océan brumeux, le petit bateau se
comportant à merveille, sans apercevoir aucun être vivant, jusqu'à ce qu'enfin
la nuit se referme. Il y avait heureusement un sac de biscuits dans le bateau
et un brise-eau ; il y avait aussi , malheureusement, une casse de rhum, dans
laquelle les deux marins, Bill et Johnnie, prenaient déjà tout ce qui était bon
pour eux. Par conséquent, bien qu'ils fussent froids et mouillés par les
embruns, ils n'eurent pas à affronter les horreurs supplémentaires de la
famine et de la soif. Au coucher du soleil, ils ont considérablement raccourci
la voilure, ne laissant que suffisamment de toile pour maintenir le bateau
devant la mer.

D'une manière ou d'une autre, la longue nuit s'est épuisée. Augusta fermait à
peine les yeux ; mais le petit Dick dormait comme une toupie sur sa poitrine,
à l'abri par ses bras et la couverture des embruns froids et pénétrants. Au
fond du bateau gisait M. Meeson, à qui Augusta, regrettant son état — car il

frissonnait terriblement — avait donné l'autre couverture, ne gardant pour elle que le châle de laine .

Mais enfin, une faible lueur parut à l'est, et le jour commença à poindre sur la mer agitée. Augusta tourna la tête et regarda à travers la brume.

"Qu'est-ce que c'est?" dit-elle d'une voix tremblante d'excitation au matelot Bill, qui prenait son tour à la barre ; et elle désigna une masse sombre qui se dressait presque au-dessus d'eux.

L'homme regarda, puis regarda encore ; puis il a crié joyeusement : « Atterrissez ! Atterrissez devant ! »

M. Meeson se remit à genoux – ses jambes étaient si raides qu'il ne pouvait pas se tenir debout – et commença à regarder autour de lui d'un air furieux.

"Dieu merci!" il pleure. "Où est-il? Est-ce la Nouvelle-Zélande ? Si jamais j'y arrive, je m'arrêterai là. Je ne monterai plus jamais sur un bateau ! »

"Nouvelle-Zélande!" grogna le marin. "Êtes-vous un imbécile? C'est le Pays des Kerguelen, c'est ça, là où il pleut toute la journée et où personne ne vit, pas même un nègre. Mais c'est assez que vous vous arrêtiez là ; car je ne pense pas que quelqu'un viendra vous emmener en toute hâte.

M. Meeson s'effondra avec un gémissement, et quelques minutes après, le soleil se leva, tandis que la brume diminuait de plus en plus jusqu'à ce qu'elle disparaisse presque, révélant un grand panorama aux occupants du bateau. Car devant eux se dressaient des rangées de sommets déchiquetés et élevés, s'étendant aussi loin que l'œil pouvait atteindre, se fondant progressivement au loin dans la lueur blanche et froide de la neige. Bill modifia légèrement le cap du bateau vers le sud et, contournant un point, il entra dans des eaux relativement calmes. Puis, plein nord d'eux, courant vers la terre, ils aperçurent l'embouchure d'un grand fjord, délimité de chaque côté par d'imposantes rives de montagnes, si abruptes qu'elles étaient presque escarpées, autour desquelles des milliers d'oiseaux marins tournaient, réveillant le résonne avec leur clameur . Ils naviguèrent directement dans ce magnifique fjord, longeant une ligne de rochers plats sur lesquels étaient assis d'énormes monstres fantastiques que les marins disaient être des lions de mer, le long de la falaise, jusqu'à ce qu'ils arrivèrent à un endroit où le rivage, sur lequel poussait un de l'herbe grossière et détrempée, s'étendant doucement du bord de l'eau jusqu'au fond sombre et escarpé. Et ici, à leur grande joie, ils découvrirent deux cabanes grossièrement construites avec de vieux bois de navire, placées à une vingtaine de mètres l'une de l'autre et à une distance d'une cinquantaine de pas du bord de l'eau.

"Eh bien, il y a une maison, de toute façon", dit Johnnie au nez plat, "même si elle ne semble pas avoir payé les impôts et les taxes ces derniers temps."

« Débarquons et sortons de cet horrible bateau », dit faiblement M. Meeson : proposition qu'Augusta appuya assez chaleureusement. En conséquence, la voile fut abaissée, et, sortant les rames, les deux marins ramèrent le bateau dans un petit port naturel qui s'ouvrait sur la crique principale, et en dix minutes ses occupants étendaient de nouveau leurs jambes sur la terre ferme ; c'est-à-dire que si une terre de l'île Kerguelen, cette région perpétuellement humide, pouvait être considérée comme sèche.

Leur premier soin fut de monter jusqu'aux cabanes et de les examiner, avec un résultat qu'on ne pouvait guère qualifier d'encourageant. Les cabanes avaient été construites depuis quelques années — soit par l'expédition qui, en 1874, était venue là pour observer le transit de Vénus, soit par d'anciens groupes de marins naufragés, ils ne l'ont jamais découvert — et étaient maintenant en ruine. Les mousses et les lichens poussaient en abondance sur les poutres et même sur le sol ; tandis que de grands trous dans le toit laissaient passer l'eau qui gisait en petites flaques visqueuses en dessous. Pourtant, malgré tous leurs inconvénients, elles étaient décidément meilleures que la plage ouverte ; une expérience très courte qui, dans ce climat inclément, les aurait certainement tués ; et ils ont heureusement décidé d'en tirer le meilleur parti. En conséquence, la plus petite des deux huttes fut cédée à Augusta et au garçon Dick, tandis que M. Meeson et les matelots prirent possession de la plus grande. Leur tâche suivante fut de remonter leurs maigres affaires (le bateau ayant d'abord été soigneusement échoué), de nettoyer les cabanes et de les rendre aussi habitables que possible en étendant les voiles du bateau sur les sols humides et en bouchant les trous. le toit du mieux qu'ils pouvaient avec des pierres et des morceaux de planches provenant du fond du bateau. Le temps était heureusement sec, et comme tous (à l'exception de M. Meeson, qui semblait tout à fait prosterné) travaillaient avec volonté, sans exception de Maître Dick, qui allait et venait après Augusta, très heureux de trouver lui-même sur la terre ferme — et à midi tout ce qui pouvait être fait était fait. Puis ils allumèrent du feu avec du bois flotté (car, heureusement, ils avaient quelques allumettes) et Augusta fit cuire les deux poules qu'elles avaient sorties du poulailler flottant aussi bien que les circonstances le permettaient, ce qui, d'après les circonstances, En fait, cela n'allait pas très bien – et ils dînèrent, dont ils avaient tous cruellement besoin.

Après le dîner, ils firent le bilan de leurs ressources. L'eau était abondante, car non loin des cabanes, un ruisseau se jetait dans le fjord. Pour se nourrir, ils avaient la meilleure partie d'un sac de biscuits pesant environ cent livres. Il y avait aussi le tonneau de rhum que les hommes avaient emménagé dans leur propre hutte. Mais ce n'était pas tout, car il y avait beaucoup de coquillages s'ils parvenaient à les faire cuire, tandis que les rochers autour étaient couverts de centaines de manchots, y compris des spécimens du grand « manchot royal », qu'il suffisait de frapper dessus. la tête. On ne craignait donc guère qu'ils périssent de faim, comme il arrive parfois aux naufragés des navires. En effet, immédiatement après le dîner, les deux marins sortaient et revenaient avec autant d'œufs d'oiseaux, de manchots pour la plupart, qu'ils pouvaient en emporter dans leurs chapeaux. Mais à peine étaient-ils entrés que la pluie, qui est la caractéristique dominante de ces latitudes, s'installa de la manière la plus impitoyable ; et bientôt les grandes montagnes dont ils étaient entourés, et celles qui les précédaient, furent enveloppées d'épaisses voiles de vapeur laineuse . Heure après heure, la pluie tombait sans cesse, pénétrait à travers leur misérable toit et tombait goutte à goutte sur le sol détrempé. Augusta était assise seule dans la plus petite cabane, faisant ce qu'elle pouvait pour amuser le petit Dick en lui racontant des histoires. Personne ne sait à quel point il lui était pénible de devoir inventer des histoires alors qu'elle était ainsi accablée par le malheur ; mais c'était le seul moyen d'empêcher le pauvre enfant de pleurer, tant le sentiment de froid et de misère s'imposait dans son petit cœur. Elle lui parla donc de Robinson Crusoé, puis elle lui dit qu'ils jouaient à être Robinson Crusoé, ce à quoi l'enfant répondit très judicieusement qu'il n'aimait pas du tout ce jeu et qu'il voulait sa maman.

Et pendant ce temps, il devenait de plus en plus sombre, plus froid et plus humide d'heure en heure, jusqu'à ce qu'enfin la lumière s'éteigne, et ne lui laissa rien d'autre pour lui tenir compagnie que le vent gémissant, la pluie qui tombait et les cris sauvages des oiseaux de mer quand quelque chose les a dérangés de leur repos. L'enfant dormait enfin, enveloppé dans une couverture et l'une des plus petites voiles ; et Augusta, épuisée par la solitude et la pression de pensées lourdes, commença à penser que la meilleure chose qu'elle pourrait faire serait d'essayer de suivre son exemple, quand soudain on frappa aux planches qui servaient de porte à le bidonville.

"Qui est-ce?" s'écria-t-elle en sursaut.

« Moi… M. Meeson, » répondit une voix. "Puis-je entrer?"

"Oui; si tu veux, dit Augusta brusquement, bien qu'au fond elle fût vraiment heureuse de le voir, ou plutôt de l'entendre, car il faisait trop sombre pour voir quoi que ce soit. Il est merveilleux de voir comment, sous la pression d'une grande calamité, nous oublions nos querelles et nos rancunes et sommes prêts à bondir sur la perspective de la compagnie humaine de notre ennemi le plus meurtrier. Et « la morale de cela est », comme le dit la Reine Blanche, que comme nous sommes toute la nuit et le jour face à face avec la dernière calamité redoutable - la mort - nous devrions tout au long de notre vie nous comporter comme si nous voyions l'ombre actuelle de sa main. . Mais cela n'arrivera jamais dans le monde tant que la nature humaine sera la nature humaine – et quand deviendra-t-elle autre chose ?

« Remontez la porte », dit Augusta lorsque, d'après un courant d'air un peu plus violent que d'habitude, elle comprit que son visiteur était dans la cabane.

M. Meeson obéit, gémissant de manière audible. « Ces deux brutes sont en train de s'enivrer, dit-il, d'avaler du rhum au gallon. Je suis venu parce que je ne pouvais plus m'arrêter avec eux — et je suis si malade, Miss Smithers, si malade ! Je crois que je vais mourir. Parfois, j'ai l'impression que toute la moelle de mes os est de la glace, et—et—à d'autres moments, c'est comme si quelqu'un leur enfonçait un fil chauffé au rouge. Tu ne peux rien faire pour moi ?

«Je ne vois pas ce qu'il faut faire», répondit doucement Augusta, car la misère de cet homme la touchait malgré son antipathie pour lui. "Tu ferais mieux de t'allonger et d'essayer de t'endormir."

"Dormir!" il gémissait ; « Comment puis-je dormir ? Ma couverture est mouillée et mes vêtements sont humides », et il s'est effondré et a commencé à gémir et à sangloter.

«Essayez de dormir», insista encore Augusta.

Il ne répondit rien, mais peu à peu il devint plus silencieux, peut-être accablé par la présence solennelle des ténèbres. Augusta appuya sa tête contre le sac à biscuits et tomba enfin dans un oubli bienheureux ; car pour les jeunes, le sommeil est un ami constant. Une ou deux fois, elle se réveilla, mais seulement pour retomber ; et quand elle ouvrit enfin les yeux, il faisait tout à fait clair et la pluie avait cessé.

Ses premiers soins furent pour le petit Dick, qui avait bien dormi toute la nuit et ne semblait pas aller plus mal. Elle l'emmena hors de la cabane, lui lava le visage et les mains dans le ruisseau, puis l'assit pour un petit-déjeuner composé de biscuits. En revenant, elle rencontra les deux matelots qui, quoique maintenant assez sobres, portaient sur le visage les marques d'une effroyable débauche. De toute évidence, ils avaient beaucoup bu. Elle se redressa et les regarda, et ils se faufilèrent devant elle en silence.

Puis elle revint à la cabane. M. Meeson était assis lorsqu'elle entra, et la lumière vive de la porte ouverte tomba en plein sur son visage. Son apparence la choqua assez. Les joues lourdes étaient tombées, il y avait de grands cernes violets autour de ses yeux creux, et tout son aspect était celui d'un homme au dernier stade de la maladie.

« J'ai passé une telle nuit », dit-il, « Oh, Ciel ! quelle nuit! Je ne crois pas que je survivrai à un autre.

"Absurdité!" dit Augusta, "mange un biscuit et tu te sentiras mieux."

Il prit un morceau du biscuit qu'elle lui avait donné et essaya de l'avaler, mais n'y parvint pas.

« Cela ne sert à rien », dit-il ; « Je suis un mourant. Être assis dans ces vêtements mouillés dans le bateau m'a achevé.

Et Augusta, regardant son visage, ne pouvait que le croire.

CHAPITRE IX.
AUGUSTA À LA SAUVEGARDE.

Après le petit-déjeuner, c'est-à-dire après qu'Augusta eut mangé un biscuit et une aile qui restait des poulets qu'elle avait réussi à cuisiner la veille, Bill et Johnnie, les deux marins, se mirent au travail, sur sa suggestion, pour préparer un long fragment de bois flotté sur une pointe de rocher, et de le lier à un drapeau qu'ils trouvèrent par hasard dans le coffre du bateau. Il n'y avait aucune chance que quiconque l'aperçoive dans cette atmosphère chargée de brume, même si quelqu'un venait là pour le voir, ce qui était encore moins probable ; néanmoins, ils le faisaient comme une sorte de devoir. Lorsque cette tâche fut terminée, il était midi et, étonnamment, il y avait peu de vent et le soleil brillait vivement. De retour aux cabanes, Augusta fit sécher les couvertures et fit rôtir aux deux matelots quelques-uns des œufs qu'ils avaient trouvés la veille. Ils le firent assez volontiers, car ils étaient maintenant tout à fait sobres et très honteux d'eux-mêmes. Puis, après avoir donné à Dick encore un biscuit et quatre œufs au four, qu'il apprécia à merveille, elle se rendit chez M. Meeson, qui gémissait dans la cabane, et le persuada de venir s'asseoir au chaud.

A cette époque, l'état du malheureux était pitoyable, car, bien que ses forces étaient encore entières en lui, il était persuadé qu'il allait mourir, et ne pouvait toucher qu'un peu de rhum et d'eau.

« Miss Smithers, dit-il en grelottant sur les rochers, je vais mourir dans cet endroit horrible, et je ne suis pas digne de mourir ! Penser à moi, poursuivit-il avec un brusque éclat de son ancien feu, penser à moi mourant de froid comme un chien affamé, alors que j'ai deux millions d'argent qui attendent d'être dépensés là-bas en Angleterre ! Et je leur donnerais tout – oui, chaque centime – pour me retrouver à nouveau en sécurité chez moi ! Par jupiter! J'échangerais ma place avec n'importe quel pauvre diable d'écrivain des Huches ! Oui, je gagnerais vingt livres par mois ! — cela vous donnera une idée de mon état, Miss Smithers ! Dire que je vivrais un jour pour dire que j'aimerais être un auteur misérable, qui ne pourrait pas gagner mille dollars par an s'il écrivait jusqu'à ce que ses doigts lui tombent ! — oh ! Oh!" et il sanglotait devant l'horreur et la dégradation de cette pensée.

Augusta regarda la pauvre malheureuse, puis se souvint de la fière créature qu'elle avait connue, se déchaînant terriblement parmi les rangs obséquieux des commis et portant la désolation aux Hutchs et à la rédaction à plusieurs têtes. Elle regarda et fut pleine de réflexions sur la mutabilité des affaires humaines.

Hélas! comme cela a changé Meeson !

« Oui, reprit-il en se reprenant un peu, je vais mourir dans cet endroit horrible, et tout mon argent ne me permettra même pas de dignes funérailles. Addison et Roscoe comprendront – confondez- les ! – comme s'ils n'en avaient pas déjà assez. Cela me rend fou quand je pense à ces filles d'Addison qui dépensent mon argent, ou soudoyent leurs pairs pour les épouser avec, ou quelque chose de ce genre. J'ai déshérité mon propre neveu, Eustace, et je l'ai mis dehors pour qu'il coule ou nage ; et maintenant je ne peux plus le défaire, et je donnerais n'importe quoi pour le modifier ! Nous nous sommes disputés à propos de vous, Miss Smithers, parce que je ne vous donnerais plus d'argent pour votre livre. J'aurais aimé te le donner, tout ce que tu voulais. Je ne t'ai pas bien traité ; mais, Miss Smithers, une bonne affaire reste une bonne affaire. Il n'aurait jamais été judicieux de céder, par principe. Vous devez comprendre cela, Miss Smithers. Ne vous vengez pas de moi, maintenant que je suis impuissant, car, voyez-vous, c'était une question de principe.

« Je n'ai pas l'habitude de me venger, monsieur Meeson, » répondit Augusta avec dignité ; "Mais je pense que vous avez fait une chose très mauvaise en déshéritant votre neveu de cette façon, et je ne m'étonne pas que vous vous sentiez mal à l'aise à ce sujet."

L'expression de cette opinion vigoureuse ne servit qu'à troubler davantage la conscience de M. Meeson, qui éclata en lamentations et en regrets.

« Eh bien, » dit enfin Augusta, « si vous n'aimez pas votre testament, vous feriez mieux de le modifier. Nous sommes assez nombreux ici pour être témoins d'un testament, et si quelque chose vous arrive, cela l'emportera sur l'autre, n'est-ce pas ?

C'était une idée nouvelle, et le mourant s'y lançait.

« Bien sûr, bien sûr », dit-il ; « Je n'y avais jamais pensé auparavant. Je vais le faire immédiatement et éliminer complètement Addison et Roscoe. Eustace aura tout ce qu'il faut. Je n'y avais jamais pensé auparavant. Viens, donne-moi la main ; Je vais me lever et voir.

« Arrêtez-vous une minute », dit Augusta. « Comment allez-vous rédiger un testament sans stylo ni crayon, ni papier ni encre ?

M. Meeson retomba en gémissant. Cette difficulté ne lui était pas venue à l'esprit.

"Es-tu sûr que personne n'a un crayon et un bout de papier ?" Il a demandé. "Cela suffirait, à condition que l'écriture reste lisible."

"Je ne pense pas", a déclaré Augusta, "mais je vais me renseigner." En conséquence, elle alla interroger Bill et Johnnie : mais aucun d'eux n'avait de crayon ni un seul morceau de papier, et elle revint tristement pour annoncer la nouvelle.

«Je l'ai, je l'ai», dit M. Meeson alors qu'elle s'approchait de l'endroit où il gisait sur le rocher. « S'il n'y a ni papier ni stylo, il faut l'écrire avec du sang sur du linge. Nous pouvons fabriquer un stylo avec les plumes d'un oiseau. J'ai lu quelque part dans un livre l'histoire de quelqu'un qui a fait ça. Cela fera aussi bien l'affaire que n'importe quoi d'autre.

C'était en effet une idée sur laquelle Augusta s'est précipitée. Mais un instant plus tard, son enthousiasme fut mis à rude épreuve. Où y avait-il du linge sur lequel écrire ?

« Oui, dit-elle, si vous trouvez du linge. Vous portez une chemise en flanelle, ainsi que les deux marins, et le petit Dick est également vêtu de flanelle.

C'était un fait. En fait, aucun des convives n'avait sur lui un morceau de linge, ni quoi que ce soit qui pût répondre à cet objectif. En effet, ils n'avaient qu'un seul mouchoir de poche à eux deux, et c'était un chiffon rouge plein de trous. Augusta en avait eu un, mais il avait été soufflé par-dessus bord alors qu'ils étaient dans le bateau. Que n'auraient-ils pas donné maintenant pour ce mouchoir de poche !

"Oui", a déclaré M. Meeson, "il semble que nous n'en ayons pas. Je n'ai même pas reçu de billet de banque, ou j'aurais peut-être écrit dessus avec du sang ; bien que j'aie une centaine de souverains en or, je les ai récupérés avant de m'enfuir de la cabine. Mais je dis... excusez-moi, Miss Smithers, mais... euh... ah... oh ! Soyez modeste : n'avez-vous pas du linge, quelque part, dont vous pourriez vous passer un peu ? Vous ne perdrez pas en me le donnant. Là, je promets que je déchirerai l'accord si jamais je m'en sors - ce que je ne ferai pas - ce que je ne ferai pas - et j'écrirai sur le linge qu'il sera déchiré. Oui, et que vous aurez également un héritage de cinq mille livres, Miss Smithers. Vous pouvez sûrement m'épargner un petit peu, juste en dehors de la jupe, ou quelque part, vous savez, Miss Smithers ? Cela ne nous manquera jamais et c'est tellement *important* .

Augusta rougit, et ce n'est pas étonnant. «Je suis désolée de dire que je n'ai rien de tel sur moi, M. Meeson, rien que de la flanelle», dit-elle. "Je me suis levé au milieu de la nuit avant la collision, et il n'y avait pas de lumière dans la cabine, et j'ai mis ce qui venait en premier, avec l'intention de revenir m'habiller ensuite quand il ferait jour."

« Reste ! » » dit M. Meeson désespérément. « Pardonnez-moi de les mentionner, mais vous portez sûrement vos séjours ? On pourrait écrire dessus, vous savez.

"Je suis vraiment désolée, M. Meeson", répondit-elle, "mais je n'en ai pas mis."

"Pas une manchette ou un col ?" dit-il, attrapant une dernière goutte d'espoir.

Augusta secoua tristement la tête.

"Alors c'est fini !" gémit M. Meeson. «Eustache doit perdre l'argent. Pauvre garçon ! pauvre garçon ! Je me suis très mal comporté avec lui.

Augusta resta immobile, se creusant la tête à la recherche d'un expédient, car elle était déterminée à ce qu'Eustache Meeson ne perde pas la chance de cette fortune colossale si elle pouvait l'aider. Ce n'était, au mieux, qu'une faible chance, car M. Meeson n'était peut-être pas en train de mourir, après tout. Et s'il mourait, il était probable que son sort serait également le leur, et il ne resterait aucune trace d'eux ni des volontés testamentaires de M. Meeson. Dans l'état actuel des choses, il y avait toutes les chances qu'ils périssent misérablement sur ce rivage désolé.

À ce moment-là, le marin Bill, qui s'était approché du mât de drapeau sur le rocher dans l'espoir d'apercevoir quelque navire qui passait, passa. Les manches de sa chemise en flanelle étaient retroussées jusqu'aux coudes de ses bras musclés, et alors qu'il s'arrêtait pour parler à Augusta, elle remarqua quelque chose qui la fit sursauter et lui donna une idée.

« Il n'y a rien à voir, » dit l'homme brutalement ; « et je crois qu'il n'y aura ni l'un ni l'autre. Nous y sommes, et nous nous arrêtons ici jusqu'à ce que nous mourrions et pourrissions.

"Ah, j'espère que non", dit Augusta. "Au fait, M. Bill, me laisserez-vous regarder le tatouage sur votre bras ?"

"Certainement, mademoiselle", dit Bill avec empressement, tenant son grand bras à quelques centimètres de son nez. Il était couvert de divers tatouages : drapeaux, navires, etc., au milieu desquels, écrit en petites lettres sur le côté de l'avant-bras, se trouvait le nom du marin : Bill Jones.

"Qui a fait ça, M. Bill?" demanda Augusta.

"Qui l'a fait? Pourquoi je l'ai fait moi-même. Un type m'a fait le pari que je ne pourrais pas tatouer mon propre nom sur mon bras, alors je lui ai montré ; et c'est une mauvaise main que j'aurais tatouée si je ne le pouvais pas.

Augusta n'en dit pas plus jusqu'à ce que Bill ait continué, puis elle parla.

"Maintenant, M. Meeson, voyez-vous comment vous pouvez rédiger votre testament ?" dit-elle doucement.

"Voir? Non." il a répondu: "Je ne le fais pas."

« Eh bien, oui : vous pouvez le tatouer – ou plutôt demander au marin de le tatouer. Cela n'a pas besoin d'être très long.

« Tatouez-le ! Et avec quoi ? » demanda-t-il, étonné.

« Vous pouvez le faire tatouer sur le dos de l'autre marin, Johnnie, s'il vous le permet ; et quant au matériel, vous avez des cartouches de revolver ; si la poudre à canon était mélangée à de l'eau, cela suffirait, je pense.

« « Sur ma parole, » dit M. Meeson, « vous êtes une femme merveilleuse ! Qui aurait pensé à une telle chose, à part une femme ? Allez demander à Johnnie, c'est une gentille fille, s'il veut bien que mon testament soit tatoué sur son dos.

« Eh bien, » dit Augusta ; « c'est une sorte de message étrange ; mais j'essayerai." En conséquence, prenant le petit Dick par la main, elle se dirigea vers l'endroit où les deux matelots étaient assis à l'extérieur de leur cabane et, affichant son plus doux sourire, elle demanda d'abord à M. Bill s'il accepterait de lui faire un petit tatouage. A cela, M. Bill, trouvant que le temps lui pesait lourd et désireux d'être tenu à l'écart de la tentation du tonneau de rhum, acquiesça gracieusement, disant qu'il avait vu des arêtes de poisson pointues qui traînaient là-bas, ce qui serait exactement ce qui se passait. , bien qu'il secoua la tête à l'idée d'utiliser la poudre à canon comme moyen. Il dit que cela ne marcherait pas du tout, puis, comme soudain saisi par une inspiration, il se dirigea vers le rivage.

Puis Augusta, aussi doucement et gentiment qu'elle le pouvait, aborda la question avec Johnnie, qui était assis le dos contre la cabane, son visage meurtri arborant une expression particulièrement défavorable, probablement due au fait qu'il souffrait de douleurs intenses. dans sa tête, suite à la débauche de la nuit précédente.

Lentement et avec beaucoup de difficulté, car sa compréhension n'était pas des plus claires, elle lui expliqua ce qui était demandé ; et qu'il a été suggéré qu'il fournisse le *corpus vil nécessaire* sur lequel il a été proposé de faire l'expérience. Quand enfin il comprit ce qu'on lui demandait de faire, le visage de Johnnie était un spectacle à voir, et son langage était plus frappant que correct. Le résultat était cependant qu'il verrait M. Meeson collectivement, et les différents membres de M. Meeson séparément, en particulier ses yeux, quelque part en premier.

Augusta recula jusqu'à ce que sa colère se soit dissipée, puis revint à la charge.

Elle était sûre, dit-elle, que M. Johnnie ne verrait pas d'inconvénient à être témoin du document, si quelqu'un d'autre pouvait se soumettre à la douleur du tatouage. Il lui suffirait de toucher la main de l'opérateur pendant que son nom (celui de Johnnie) était tatoué comme témoin du testament. "Eh bien," dit-il, "je ne sais pas comment, car cela me dérange, puisque c'est vous qui me l'avez demandé, mademoiselle, et non les foutus vieux carcasses d'un Meeson. Je ne lèverais pas le petit doigt pour le sauver de 'ell Miss, et c'est un fait !'

"Alors c'est une promesse, M. Johnnie?" » dit Augusta, ignorant gentiment la garniture dont la promesse était ornée ; et après que M. Johnnie ait déclaré qu'il considérait la question sous cet angle, elle est revenue vers M. Meeson. En chemin, elle rencontra Bill, portant dans ses mains un poisson d'aspect répugnant, avec de longues antennes et une tête de perroquet, bref une seiche.

« Maintenant, voilà, bonne chance, mademoiselle », dit Bill avec exultation ; «J'ai vu ce monsieur allongé sur la plage ce matin. C'est une seiche, c'est ce qu'il est ; et je lui retirerai son sac d'encre en quelques secousses ; c'est exactement ce qu'il faut pour se faire tatouer, mademoiselle, aussi bon que la meilleure encre de Chine : la poudre à canon est une idiote.

À ce moment-là, ils avaient atteint M. Meeson, et c'est ici que toute l'affaire, y compris le refus obstiné de Johnnie de se faire tatouer, fut expliquée à Bill.

« Eh bien, dit enfin Augusta, il semble que ce soit la seule chose à faire ; mais la question est, comment faire ? Je ne peux que suggérer, M. Meeson, que le testament soit tatoué sur vous.

"Oh !" » dit faiblement M. Meeson, « sur moi ! Moi, tatoué comme un sauvage, tatoué avec ma propre volonté ! »

« Cela ne servirait pas à grand-chose non plus, gouverneur, de vous demander pardon, » dit Bill, « du moins, si vous êtes sur le point de coasser, comme vous dites ; ' parce que où serait alors la volonté ? Nous pourrions peut-être vous écorcher avec une pierre pointue, après que vous aurez fait le tour, vous savez, ajouta-t-il d'un ton pensif. « Mais nous n'avons pas de sel, alors je doute que vous le gardiez ; et si nous exposions votre peau au soleil, je pense que l'écriture se ratatinerait au point que tous les tribunaux de Londres ne pourraient plus en comprendre la tête ni la queue.

M. Meeson gémit bruyamment, comme il le pouvait. Ces remarques franches auraient éprouvé n'importe qui ; Ils l'étaient à bien plus forte raison pour cet opulent prince marchand, qui avait toujours accordé la plus grande valeur à ce que Bill appelait grossièrement sa « peau ».

"Voilà le bébé", poursuivit Bill d'un ton méditatif. « Il est jeune et blanc, et j'imagine que sa croûte de dessus fonctionnerait très facilement ; mais il faudrait que vous le reteniez, car j'espère qu'il crierait correctement.

« Oui », a déclaré M. Meeson ; « Que le testament soit tatoué sur l'enfant. Il serait utile de cette façon.

«Oui», dit Bill; « et il resterait probablement quelque chose qui me rappellerait une époque très étrange, à condition qu'il vive pour s'en sortir, ce qui est douteux. L'encre de seiche ne s'effacera pas, je vous le garantis.

«Je ne veux pas qu'on touche Dick», dit Augusta avec indignation. « Cela effrayerait l'enfant ; et d'ailleurs personne n'a le droit de le marquer ainsi à vie.

« Eh bien, voilà, la question est à peu près terminée », dit Bill ; "et l'argent de ce gentleman doit aller là où il ne veut pas."

"Non", dit Augusta avec une rougeur soudaine, "il n'y en a pas. M. Eustace Meeson a été autrefois très gentil avec moi, et plutôt que de perdre la chance d'obtenir ce qu'il devrait avoir, je… je me ferai tatouer.

"Eh bien, arrête-moi!" » dit Bill avec enthousiasme, « arrête-moi ! si vous n'êtes pas bien choisi pour une femme ; et si j'étais ce jeune homme , j'aurais l'audace de vous le dire.

"Oui", a déclaré M. Meeson, "c'est une excellente idée. Vous êtes jeune et fort, et comme il y a beaucoup de nourriture ici, j'ose dire que vous mettrez beaucoup de temps à mourir. Vous pourriez même vivre quelques mois. Commençons tout de suite. Je me sens terriblement faible. Je ne pense pas pouvoir passer la nuit, et si je sais que j'ai fait tout ce que j'ai pu pour qu'Eustache obtienne la sienne, peut-être que mourir sera un peu plus facile !

CHAPITRE X.
LE DERNIER DE MR. MEESON.

Augusta se détourna du vieillard avec un geste d'impatience non dénué de dégoût. Son égoïsme était d'un tel ordre qu'elle la révoltait.

«Je suppose», dit-elle sèchement à Bill, «que je dois avoir ce testament tatoué sur mes épaules.»

"Oui, mademoiselle; c'est tout », a déclaré Bill. « Vous voyez, mademoiselle, on veut de la place pour un docymint . S'il s'agissait d'un navire ou d'un drapeau, ou d'une photo fantaisiste de votre jeune homme, je pourrais le mettre sur votre bras, mais il doit y avoir de la largeur pour un document légal , d'autant plus que j'aimerais faire un bon travail de pendant que j'y suis. Je ne veux pas qu'aucun d'entre eux ne se moque du tatouage de Bill Jones.

« Très bien, » dit Augusta avec un serrement de cœur intérieur ; "Je vais aller me préparer."

En conséquence, elle s'est ajournée dans la hutte et a enlevé le corps de sa robe et a rabattu le vêtement de flanelle en dessous de manière à laisser autant de son cou nu qu'on peut le voir lorsqu'une dame porte une robe moyennement basse. Puis elle ressortit habillée, ou plutôt déshabillée, pour le sacrifice. Pendant ce temps, Bill avait sorti l'encre de la seiche, préparé un petit fragment de bois rond qu'il aiguisait comme un crayon en le frottant contre une pierre, et avait donné un tranchant aigu à une longue arête de poisson blanche qu'il avait choisi.

"Maintenant, M. Bill, je suis prêt", dit Augusta en s'asseyant résolument sur une pierre plate et en serrant les dents.

« Ma parole, mademoiselle ; mais tu as une belle paire d'épaules ! dit le marin en contemplant l'étendue blanche avec un œil d'artiste. « Je n'avais jamais eu autant de matière sur laquelle travailler auparavant. Pendez-moi si ce n'est pas presque dommage de les marquer ! Non, mais quel tatouage haut de gamme est un ornement pour tout le monde, depuis une princesse jusqu'à ; et en cela, vous êtes une chance , mademoiselle, car je n'ai pas appris à les tatouer comme *je peux* le faire, je l'ai fait.

Augusta se mordit la lèvre et les larmes lui montèrent aux yeux. Elle n'était qu'une femme et avait la petite faiblesse d'une femme ; et, bien qu'elle n'eût jamais paru de sa vie vêtue d'une robe décolletée, elle savait que son cou était l'une de ses plus grandes beautés et en était fière. Il était difficile de penser qu'elle serait marquée toute sa vie de ce testament ridicule — du moins si elle s'échappait — et, qui plus est, au bénéfice d'un jeune homme qui n'avait aucun droit sur elle.

C'est ce qu'elle se disait ; mais tandis qu'elle le disait, quelque chose en elle lui disait que ce n'était pas vrai. Quelque chose lui disait que ce jeune M. Eustace Meeson *avait* un droit sur elle – le droit le plus élevé qu'un homme puisse avoir sur une femme, car la vérité devait éclater – elle l'aimait. Il semblait lui être clairement venu à l'esprit, ici, dans cet endroit terriblement désolé, ici à l'ombre même d'une mort horrible, qu'elle l'aimait vraiment et profondément. Et cela étant, elle n'aurait pas été ce qu'elle était – une femme douce et dévouée – si elle ne s'était pas réjouie au fond de cette occasion de sacrifice de soi, même si ce sacrifice de soi était des plus durs, étant donné que cela impliquait ce que toutes les femmes détestent : supporter une position ridicule. Car l'amour peut tout faire : il peut même inciter ses fidèles à braver le ridicule.

« Continuez, » dit-elle sèchement, « et finissons-en le plus vite possible. »

« Très bien, mademoiselle. Qu'est-ce que cela signifie, vieux monsieur ? Coupez court, vous savez.

« « *Je laisse tous mes biens à Eustace H. Meeson* », c'est aussi court que possible ; et, s'il est bien observé, je pense que cela couvrira tout », a déclaré M. Meeson avec un faible air de triomphé. "De toute façon, je n'ai jamais entendu parler d'un testament portant environ deux millions en neuf mots auparavant."

Bill leva son arête de poisson et, la seconde suivante, Augusta poussa un sursaut et poussa un petit cri, car l'opération avait commencé.

« Peu importe, mademoiselle », dit Bill d'un ton consolateur ; "Tu t'y habitueras bientôt."

Après cela, Augusta serra les dents et endura en silence, même si cela lui fit très mal, car Bill était plus soucieux de l'effet artistique et de la permanence de l'œuvre que des sentiments du sujet. *Fiat experimentalum in corpore vili* , aurait-il dit s'il avait été familier avec les Classiques, sans grande considération pour le *corpus vili* . Alors il piqua et creusa avec son arête de poisson, qu'il trempait continuellement dans l'encre de seiche, et avec le morceau de bois pointu, jusqu'à ce qu'Augusta commence à se sentir complètement défaillante.

Le travail se poursuivit pendant trois heures et, à la fin de ce temps, le corps du testament était terminé (car Bill était un travailleur rapide) et était écrit en lettres de taille moyenne sur ses épaules. Mais les signatures restaient encore à apposer.

Bill lui a demandé si elle aimerait les laisser rester jusqu'au lendemain ? — mais cela, même si elle se sentait malade à cause de la douleur, a refusé de le faire. Elle était marquée maintenant, marquée de la marque ineffaçable de Bill, alors autant qu'elle soit marquée dans un but précis. Si elle reportait la signature du document au lendemain, il serait peut-être trop tard, M. Meeson serait peut-être mort, Johnnie aurait peut-être changé d'avis, ou bien d'autres choses encore. Elle leur dit donc de continuer et d'en finir le plus vite possible, car il ne restait plus que deux heures de jour environ.

Heureusement M. Meeson connaissait plus ou moins les formalités nécessaires à l'exécution d'un testament, à savoir : que le testateur et les deux témoins signent tous en présence l'un de l'autre. Il savait aussi qu'il suffisait, en cas de maladie, qu'un tiers tienne la plume entre les doigts du testateur et l'aide à écrire son nom, ou même que quelqu'un signe pour le testateur en sa présence et selon ses instructions ; et, s'appuyant sur cette connaissance, il arriva à la conclusion — justifiée par la suite dans la grande affaire Meeson *contre* Addison et autre — qu'il suffirait qu'il infligeait la première piqûre de sa signature, puis gardait sa main sur le corps de Bill tandis le reste était fait. C'est ce qu'il fit, en enfonçant maladroitement la pointe de l'os pointu si profondément dans la malheureuse Augusta qu'elle poussa un cri à haute voix, puis en gardant sa main sur le bras du marin pendant qu'il travaillait sur le reste de la signature, « *J. Meeson .* » » Quand ce fut fait, le tour de Johnnie vint. Johnnie avait enfin pris un certain intérêt à ce qui se passait, et était resté là à regarder tout le temps, depuis que M. Meeson, ayant posé le doigt sur l'épaule d'Augusta, avait solennellement déclaré que l'écriture dessus était son dernier testament. Comme il (Johnnie) ne pouvait pas tatouer, le même processus a été suivi en ce qui concerne sa signature, comme dans le cas de M. Meeson. Ensuite, Bill Jones a signé son propre nom, en tant que deuxième témoin du testament ; et juste au moment où la lumière disparaissait du ciel, le document fut finalement exécuté, la date de l'exécution étant seule omise. Augusta se leva de la pierre plate où elle était assise pendant environ cinq heures pendant cette torture, et entra en titubant dans la cabane, se jeta sur la voile et s'évanouit. Ce n'était en effet que par un exercice de volonté très énergique qu'elle s'était empêchée de s'évanouir longtemps auparavant.

La prochaine chose dont elle fut consciente fut une terrible brûlure dans le dos, et en ouvrant les yeux, elle découvrit qu'il faisait assez sombre dans la hutte. Mais elle était si fatiguée qu'après avoir tendu la main pour s'assurer que Dick était en sécurité à ses côtés, elle ferma de nouveau les yeux et s'endormit profondément. Lorsqu'elle se réveilla, la lumière du jour pénétrait dans la hutte humide et sordide, révélant la forme lourde de M. Meeson se balançant d'avant en arrière dans un sommeil troublé de l'autre côté. Elle se releva avec une terrible douleur au dos ; et, réveillant l'enfant, elle l'emmena au jet d'eau et se lava lui et elle du mieux qu'elle put. Il faisait très froid dehors ; il faisait si froid que l'enfant pleurait et les nuages de pluie montaient rapidement, alors elle se précipita vers la cabane et, avec Dick, prépara son petit-déjeuner avec des biscuits et des œufs de pingouin rôtis, qui n'étaient pas du tout mauvais à manger. Elle était en effet assez affaiblie par la faim, n'ayant avalé aucune nourriture depuis de nombreuses heures, et se sentait proportionnellement mieux après.

Puis elle se tourna pour examiner l'état de M. Meeson. Le testament n'avait pas été exécuté trop tôt, car il était évident pour elle qu'il était effectivement dans une très mauvaise passe. Son visage était enfoncé et agité par la fièvre, ses dents claquaient et son discours, bien qu'il soit maintenant réveillé, était tout à fait incohérent. Elle a essayé de lui faire prendre de la nourriture ; mais il n'avalait que de l'eau. Ayant fait tout ce qu'elle pouvait pour lui, elle sortit voir les matelots et les rencontra qui descendaient du mât de pavillon. Ils étaient évidemment, mais pas dans une grande mesure, de nouveau devant le tonneau de rhum, car Bill avait l'air penaud et tremblant, tandis que le malheureux Johnnie était plus boudeur que jamais. Elle les regarda avec reproche, puis leur demanda de ramasser d'autres œufs de pingouin, ce que Johnnie refusa catégoriquement de faire, disant qu'il n'allait pas ramasser d'œufs pour que les terriens puissent les manger ; elle pourrait ramasser des œufs pour elle-même. Bill, cependant, commença sa course et revint au bout d'une heure environ, juste au moment où la pluie commençait pour de bon, portant six ou sept douzaines d'œufs frais attachés dans son manteau.

Augusta, avec l'enfant à ses côtés, était assise dans la misérable hutte et s'occupait de M. Meeson ; tandis qu'au dehors, la pluie impitoyable tombait en une nappe d'eau constante et incessante qui traversait le misérable toit en ruisseaux. Elle fit de son mieux pour garder le mourant au sec, mais cela s'avéra presque impossible ; car même lorsqu'elle parvenait à empêcher l'humidité de tomber sur lui d'en haut, elle pénétrait sous lui depuis le sol puant, tandis que l'humidité lourde de l'air s'accumulait sur ses vêtements jusqu'à ce qu'ils soient complètement détrempés.

Au fil des heures, sa conscience lui revenait, et avec elle sa terreur de la fin et ses remords pour sa vie passée, car hélas ! les millions qu'il avait amassés ne pouvaient plus lui servir maintenant.

"Je vais mourir!" il gémit. "Je vais mourir et j'ai été un méchant homme : j'ai été à la tête d'une maison d'édition toute ma vie !"

Augusta lui fit gentiment remarquer que l'édition était une affaire très respectable lorsqu'elle était menée équitablement et correctement, et qu'elle ne devait pas peser lourdement sur un homme à la fin, comme le bilan d'une carrière réussie d'usure ou de cambriolage.

Il secoua sa lourde tête. « Oui, oui », gémit-il ; « mais Meeson's est une entreprise et vous parlez d'entreprises privées. Ils sont hétérosexuels, pour la plupart ; beaucoup trop direct, disais-je toujours. Mais vous ne connaissez pas Meeson... vous ne connaissez pas les coutumes du commerce chez Meeson.

Augusta pensa qu'elle en savait beaucoup plus sur Meeson qu'elle ne l'aurait souhaité.

« Écoutez, dit-il avec une énergie désespérée en s'asseyant sur la voile, et je vous le dirai... je dois vous le dire.

Les astérisques, si chers au cœur de la romancière, représenteront le mieux l'aveu qui suivit ; les mots ne sont pas à la hauteur de la tâche.

Augusta écoutait, les cheveux dressés, et réalisait à quel point la vie d'un confesseur privé devait être éprouvante.

"Oh, s'il te plaît, arrête !" dit-elle enfin faiblement. "Je ne peux pas le supporter, je ne peux pas, en effet."

"Ah!" » dit-il en retombé épuisé. « Je pensais que lorsque vous comprendriez les coutumes de Meeson, vous ressentiriez pour moi dans ma position actuelle. Pensez, ma fille, pensez à ce que je dois souffrir, avec un tel passé, face à un avenir inconnu !

Puis vint un silence.

"Emmenez le au loin! Emmenez le au loin!" » cria soudain M. Meeson, regardant autour de lui avec des yeux effrayés.

"OMS?" demanda Augusta ; "OMS?"

« Lui, l'homme grand et mince, avec le gros livre ! Je le connais; il était le numéro 25 – il est mort il y a des années. C'était un médecin très intelligent ; mais un de ses patients a porté contre lui une fausse accusation et l'a ruiné, alors il a dû se mettre à écrire, le pauvre diable ! Nous lui avons fait éditer une encyclopédie médicale : douze volumes pour 300 £, à payer une fois terminés ; et il est devenu fou et est mort au onzième volume. Alors bien sûr, nous n'avons rien payé à sa veuve. Et maintenant, il est venu me chercher – je sais que c'est le cas. Écouter! il parle ! Vous ne l'entendez pas ? Oh, mon Dieu ! Il dit que je vais devenir auteur, et il va publier pour moi pendant mille ans – il publiera selon le système du bénéfice trimestriel, avec un compte annuel, les déductions commerciales habituelles et sans pièces justificatives. Oh! Oh! Regardez ! — ils arrivent tous ! — ils sortent en masse des Huches ! ils vont m'assassiner ! — éloignez-les ! éloignez-les ! et il hurlait et battait l'air avec ses mains.

Augusta, complètement bouleversée par cet horrible spectacle, s'agenouilla à ses côtés et essaya de le calmer, mais en vain. Il continua à battre ses mains en l'air, essayant d'éviter le train fantomatique, jusqu'à ce qu'enfin, avec un horrible hurlement, il retomba mort.

Et ce fut la fin de Meeson. Et les ouvrages qu'il a publiés, et l'argent qu'il a gagné, et la maison qu'il a bâtie, et le mal qu'il a fait, ne sont-ils pas écrits dans le Livre des Rois Commerçants ?

« Eh bien, » se dit faiblement Augusta après avoir repris un peu son souffle, « je suis contente que ce soit fini ; en tout cas, j'espère ne jamais être appelé à soigner le patron d'une autre maison d'édition.

"Tata! tata!" haleta Dick, "pourquoi ce monsieur crie-t-il ainsi?"

Puis, prenant par la main l'enfant effrayé, Augusta se dirigea sous la pluie vers l'autre cabane, pour raconter aux deux marins ce qui s'était passé. Il n'y avait pas de porte, et elle s'arrêta sur le seuil pour prospecter. La faible lumière brumeuse était si faible qu'au début elle ne pouvait rien voir. Bientôt, cependant, ses yeux s'y habituèrent et elle distingua Bill et Johnnie assis l'un en face de l'autre sur le sol. Entre eux se trouvait le casseur de rhum. Bill avait à la main une grosse coquille qu'il venait de remplir du tonneau ; car Augusta le vit en train de remplacer le robinet.

"C'est parti ! — je te maudis, c'est parti !" » dit Johnnie, tandis que Bill portait la coquille d'esprit à ses lèvres. "Vous avez fait sept tentatives et je n'en ai eu que six!"

« Vous serez époustouflé ! » dit Bill en avalant l'alcool à grandes gorgées. « Ah ! c'est mieux! Maintenant, je vais remplir pour toi, mon pote : c'est juste, dis- je , c'est juste et pas de faveur », et il a rempli en conséquence.

"M. Meeson est mort », dit Augusta, prenant son courage à deux mains pour interrompre cette orgie .

Les deux hommes la regardèrent avec une surprise ivre, que Johnnie brisa.

"Maintenant, c'est lui, mademoiselle ?" dit-il avec un hoquet : « n'est-ce pas ? Eh bien, c'est aussi du bon travail, dis-je ; il était un vieux terrien inutile. Je doute qu'il aille dans un endroit plus chaud que celui des Kerguelen, et je bois à sa santé, ce que d'ailleurs je n'ai jamais eu l'occasion de faire auparavant. A la santé des défunts, » et il avala d'un trait le plein de rhum.

"Je fais écho à votre sentiment", a déclaré Bill. « Johnnie, la coquille ; donne-nous la coquille pour boire à la « santé du cher défunt ».

Puis Augusta revint à sa cabane le cœur lourd. Elle couvrit le cadavre du mieux qu'elle put, disant au petit Dick que M. Meeson était passé par là, puis s'assit dans cette compagnie glaciale et horrible. C'était très déprimant ; mais elle se réconforta quelque peu en pensant que, dans l'ensemble, M. Meeson mort n'était pas aussi mauvais que M. Meeson dans la chair animée.

Bientôt la nuit revint et, épuisée par tout ce qu'elle avait enduré, Augusta fit ses prières et s'endormit avec le petit Dick enfermé dans ses bras.

Quelques heures plus tard, elle fut réveillée par des cris bruyants et bruyants, composés de bribes de chansons ivres et de ce genre d'anglais particulier qui plane toujours autour des lèvres du Tar britannique. De toute évidence, Bill et Johnnie étaient complètement ivres et, dans cet état, prenaient l'air à minuit.

Les cris et les injures s'éloignèrent vers le bord de l'eau, puis, tout d'un coup, ils culminèrent en un cri effrayant, après quoi vint le silence.

Qu'est-ce que cela pourrait signifier ? se demanda Augusta et, pendant qu'elle réfléchissait encore, elle se rendormit.

CHAPITRE XI.
SAUVÉ.

Augusta se réveilla au moment où l'aube commençait à poindre dans le ciel détrempé. Ce sont les picotements de ses épaules qui la réveillèrent. Elle se leva, laissant Dick encore endormi, et, se souvenant de l'agitation de la nuit, se précipita vers l'autre hutte. C'était vide.

Elle se tourna et regarda autour d'elle. À une quinzaine de pas d'où elle se trouvait, gisait la coquille qui servait de coupe aux deux ivrognes. À l'avenir, elle l'a ramassé. Cela sentait toujours horriblement le spiritueux. De toute évidence, les deux hommes l'avaient laissé tomber au cours de leur promenade de minuit, ou plutôt de leur roulement. Où étaient-ils allés ?

Juste devant elle, un promontoire rocheux s'avançait à cinquante pas ou plus dans les eaux d'une baie semblable à un fjord. Elle le longea sans but, jusqu'à ce qu'elle aperçoive bientôt un des chapeaux de marin posé par terre, ou plutôt flottant dans une mare d'eau. De toute évidence, ils étaient passés par là. Elle continua sa route jusqu'à la pointe du petit promontoire qui surplombait l'eau. Il n'y avait rien à voir, pas un seul vestige de Bill et Johnnie. Assez sans but, elle se pencha en avant et regarda par-dessus la paroi rocheuse, puis dans l'eau claire, puis repartit en poussant un petit cri.

Ce n'est pas étonnant qu'elle ait commencé, car là, sur le sable, sous une brasse et demie d'eau calme, gisaient les corps des deux hommes malheureux. Ils étaient enfermés dans les bras l'un de l'autre et gisaient comme s'ils dormaient sur le fond de l'océan. Elle ne sut jamais comment ils en étaient arrivés à leur fin. Peut-être se sont-ils disputés dans leur colère ivre et sont-ils tombés de la petite falaise ; ou peut-être ont-ils trébuché et sont tombés sans savoir où ils allaient. Qui peut dire? En tout cas, ils étaient là, et ils y restèrent, jusqu'à ce que la marée descendante les emmène rejoindre la grande armée de leurs compagnons qui avaient coulé avec le Kangourou. Augusta resta donc seule .

Le cœur lourd, elle rentra à la cabane, accablée par le poids de la solitude et par le sentiment qu'au milieu de tant de mort elle ne pouvait espérer s'échapper. Il ne restait plus aucune créature humaine en vie dans ce vaste pays solitaire, à l'exception de l'enfant et d'elle-même, et d'après elle , leur sort serait bientôt le même que celui des autres. Lorsqu'elle revint à la cabane, Dick était réveillé et pleurait pour elle.

La forme immobile et raide de M. Meeson, étendu sous la voile, effrayait le petit garçon, il ne savait pourquoi. Augusta le prit dans ses bras et l'embrassa passionnément. Elle aimait l'enfant pour lui-même ; et d'ailleurs lui, et lui seul, se tenait entre elle et la solitude la plus totale. Puis elle le conduisit jusqu'à l'autre cabane, qui avait été libérée par les matelots, car il était impossible de rester dans celle avec le corps, trop lourd pour qu'elle puisse la déplacer. Au centre de la cabane des marins se trouvait le tonneau de rhum qui avait été la cause de leur destruction. Il était presque vide maintenant – si léger, en effet, qu'elle n'eut aucune difficulté à le faire rouler sur le côté. Elle nettoya les lieux du mieux qu'elle put et, retournant à l'endroit où reposait le corps de M. Meeson, alla chercher le sac de biscuits et les œufs au four, après quoi ils prirent leur petit-déjeuner.

Heureusement, il n'avait pas plu ce matin-là, alors Augusta emmena Dick chercher des œufs, non pas parce qu'ils en voulaient plus, mais pour s'occuper. Ensemble, ils grimpèrent sur un promontoire rocheux, où flottait le drapeau, et regardèrent l'océan troublé. Il n'y avait rien en vue à perte de vue – rien que les chevaux blancs sur lesquels les cormorans noirs dirigeaient leur vol rapide et infaillible. Elle regarda et regarda jusqu'à ce que son cœur se serre.

« Est-ce que Maman viendra bientôt en bateau pour emmener Dick ? » demanda l'enfant à ses côtés, puis elle fondit en larmes.

Lorsqu'elle fut rétablie , ils se mirent à ramasser les œufs, occupation qui, malgré les cris et les menaces d'attaques des oiseaux, ravit grandement Dick. Bientôt, ils en eurent autant qu'elle pouvait en transporter ; ils retournèrent donc à la cabane, allumèrent un feu de bois flotté et firent rôtir quelques œufs dans la cendre chaude ; elle n'avait pas de marmite pour les faire bouillir. Ainsi, d'une manière ou d'une autre, le jour s'écoula, et enfin l'obscurité commença à tomber sur les pics escarpés derrière et sur le désert sauvage de la mer devant. Elle a mis Dick au lit et il s'est endormi. En effet, c'était merveilleux de voir à quel point l'enfant supportait bien les épreuves qu'il traversait. Il n'a jamais eu de courbatures, ni de douleurs, ni même de rhume de tête.

Après que Dick se fut endormi, Augusta s'assit, ou plutôt resta allongée, dans le noir, écoutant le gémissement du vent qui frappait la cabane et s'éloignait en rafales parmi les falaises et les montagnes au-delà. La solitude était quelque chose d'horrible, et, combinée à l'idée de ce que serait probablement la fin, cela lui a complètement brisé le moral. Elle savait que ses chances de s'échapper étaient vraiment minimes. Les navires ne venaient pas souvent sur cette côte terrible et inhabitée, et si l'un d'eux y accostait, il était fort probable qu'il toucherait à un autre point et ne verrait jamais son pavillon. Et puis, avec le temps, la fin viendrait. L'approvisionnement en œufs manquerait, et elle serait obligée de nourrir sa vie sur les oiseaux qu'elle pourrait attraper, jusqu'à ce qu'enfin l'enfant tombe malade et meure, et elle le suivit jusqu'à cette terre obscure qui s'étend au-delà de Kerguelen et du monde. Elle a prié pour que l'enfant meure en premier. C'était horrible de penser que peut-être cela pourrait être l'inverse : elle pourrait mourir en premier, et l'enfant pourrait mourir de faim à ses côtés. Le lendemain, ce serait le jour de Noël. Le dernier jour de Noël qu'elle avait passé avec sa sœur décédée à Birmingham. Elle se souvenait qu'ils allaient à l'église le matin et qu'après le dîner, elle avait fini de corriger les dernières révisions du « Vœu de Jemima ». Eh bien, il semblait probable que bien avant l' arrivée d'un autre Noël, elle serait allée rejoindre la petite Jeannie. Et puis, étant une fille bonne et religieuse, Augusta se mit à genoux et pria le ciel de tout son cœur et de toute son âme de les délivrer de leur terrible situation, ou, si elle était destinée à périr, du moins de sauver l'enfant.

Et ainsi la longue nuit froide se passa en pensées et en veillées, jusqu'à ce qu'enfin, environ deux heures avant l'aube, elle s'endorme. Lorsqu'elle rouvrit les yeux, il faisait grand jour et le petit Dick, qui était éveillé depuis quelque temps à côté d'elle, était assis et jouait avec le coquillage dans lequel Bill et Johnnie buvaient du rhum. Elle se leva et remit un peu les affaires de l'enfant en ordre, puis, comme il ne pleuvait pas, elle lui dit de courir dehors pendant qu'elle s'habillait en enlevant les vêtements qu'elle avait, en les secouant et en les enfilant. encore. Elle traversait lentement ce processus et se demandait combien de temps il lui faudrait avant que ses épaules ne cessent de lui faire mal à cause des effets du tatouage, lorsque Dick arriva en courant sans passer par la formalité de frapper.

« Oh, ma tante ! Tata!" il a chanté avec une grande joie : « voici un gros navire qui arrive. Est-ce que maman et papa viennent chercher Dick ?

Augusta retomba évanouie sous le soudain dégoût de ses sentiments. S'il y avait un navire, ils étaient sauvés, arrachés aux mâchoires de la mort. Mais c'était peut-être une fantaisie de l'enfant. Elle enfila le corps de sa robe ; et, ses longs cheveux jaunes — qu'elle avait essayé, à défaut de mieux, de coiffer avec un peu de bois — coulant derrière elle, elle prit l'enfant par la main et s'envola aussi vite qu'elle put sur le petit rocher. promontoire sur lequel Bill et Johnnie avaient trouvé leur fin. Avant d'avoir parcouru la moitié du chemin, elle comprit que le récit de l'enfant était vrai : car là, remontant le fjord depuis la haute mer, se trouvait un grand navire. Elle n'était pas à deux cents mètres de l'endroit où elle se trouvait, et sa toile était rapidement enroulée en vue du largage de l'ancre.

Remerciant la Providence pour ce spectacle comme elle n'avait jamais remercié quoi que ce soit auparavant, Augusta courut jusqu'à l'extrême pointe du promontoire et resta là, agitant la petite casquette de Dick vers le navire, qui se déplaçait lentement et majestueusement, jusqu'à présent, à travers la clairière. Dans l'eau, retentit le clapotis de l'ancre, suivi du bruit du violent cliquetis de la chaîne à travers les écubiers. Puis vint un autre son : le son joyeux de voix humaines applaudissant. Elle avait été vue.

Cinq minutes se sont écoulées, puis elle a vu un bateau abaissé et habité. Les rames étaient sorties, et bientôt l'eau reculait à dix pas d'elle.

« Faites le tour par là, » dit-elle en désignant la petite baie, « et je vous retrouverai. »

Au moment où elle arriva sur place, le bateau était déjà échoué et un homme grand, mince et au visage aimable s'adressait à elle avec un accent yankee inimitable : « Naufragée, mademoiselle ? » dit-il d'un ton interrogatif.

"Oui", haleta Augusta; "Nous sommes les survivants du Kangaroo, qui a coulé lors d'une collision avec un baleinier il y a environ une semaine."

"Ah!" dit le capitaine, avec un baleinier ? Alors je suppose que c'est là que mon épouse est allée. Elle a disparu depuis environ une semaine, et je suis venue ici pour voir si je pouvais retrouver ses traces — et aussi pour faire le plein d'eau. Eh bien, elle était bien assurée, de toute façon, et la dernière fois que nous lui avons parlé, elle avait fait une très mauvaise prise. Mais peut-être, Mademoiselle, pourriez-vous, à votre convenance, me favoriser avec quelques détails ?

Aussi Augusta esquisse-t-elle en le moins de mots possible l'histoire de leur terrible aventure ; et cette histoire a fait regarder même le flegmatique capitaine yankee. Puis elle l'emmena, suivi de l'équipage, à la hutte où Meeson gisait mort, et à l'autre hutte, où elle et Dick avaient dormi la nuit précédente.

« Wall, mademoiselle, » dit le capitaine, dont le nom était Thomas, « je suppose que vous et le jeune serez presque prêts à quitter ces appartements ; ainsi, s'il vous plaît, je vous enverrai sur le navire, le Harpoon — c'est son nom — de Norfolk, aux États-Unis. Vous la trouverez bien parfumée à l'huile, car nous sommes presque remplis jusqu'aux écoutilles ; mais peut-être que, vu les circonstances, cela ne vous dérangera pas. Quoi qu'il en soit, ma Missus, qui est à bord, venue en croisière pour sa santé, et qui est anglaise comme vous, fera tout ce qu'elle pourra pour que vous soyez à l'aise. Et je vous dis ce que c'est, mademoiselle ; si j'étais pieux d'une manière ou d'une autre, je devrais simplement remercier le Tout-Puissant d'avoir vu ce petit drapeau avec ma longue-vue alors que je naviguais le long de la côte au lever du soleil ce matin, car je n'avais pas l'intention de mettre à ce ruisseau, mais à vingt milles de long. Et maintenant, mademoiselle, si vous voulez bien monter à bord, certains d'entre nous s'arrêteront et borderont le défunt du mieux que nous pouvons.

Augusta le remercia de tout son cœur et, entrant dans la cabane, prit son chapeau et le rouleau de souverains qui avaient appartenu à M. Meeson, mais qu'il lui avait dit de prendre, laissant les couvertures apporter par les hommes.

Alors deux des matelots montèrent dans le petit bateau appartenant au Kangourou, dans lequel Augusta s'était échappée, et les ramèrent avec Dick loin de ce rivage odieux jusqu'à l'endroit où le baleinier, une goélette à l'avant et à l'arrière, était à l'ancre. Alors qu'ils approchaient, elle aperçut le reste de l'équipage du Harpoon, parmi lequel se trouvait une femme qui regardait leur arrivée depuis le pont, et qui, lorsqu'elle mit le pied sur l'échelle du compagnon, tous et tous poussèrent de chaleureuses acclamations. Un instant plus tard, elle était sur le pont – qui, malgré son abominable odeur d'huile, lui semblait l'endroit le plus beau et le plus délicieux sur lequel ses yeux se soient jamais posés – et presque serrée dans ses bras par Mme Thomas, une femme à l'air agréable d'environ trente ans, fille d'un fermier du Suffolk qui avait émigré aux États-Unis. Et puis, bien sûr, il lui fallait raconter à nouveau son histoire ; après quoi elle fut conduite à la cabine occupée par le capitaine et sa femme (et qui fut désormais occupée par Augusta, Mme Thomas et le petit Dick), le capitaine se secouant là où il le pouvait. Et là, pour la première fois depuis près d'une semaine, elle a pu se laver et s'habiller correctement. Et oh, quel luxe ! Personne ne sait ce que signifient réellement les délices du linge propre jusqu'à ce qu'il ait dû s'en passer dans des circonstances de privation ; ils n'ont pas non plus la moindre idée de la différence pour le bien-être et le confort d'une personne que fait la possession ou la non-possession d'un article aussi commun qu'un peigne. Tandis qu'Augusta se coiffait encore avec des soupirs de joie, Mme Thomas frappa à la porte et fut admise.

"Mon! Manquer; quels beaux cheveux tu as, maintenant qu'ils sont peignés ! dit-elle avec admiration ; "Pourquoi, qu'est-ce que tu as sur les épaules ?"

Augusta dut alors raconter l'histoire du tatouage, ce qui d'ailleurs lui parut judicieux, puisqu'elle obtint ainsi un témoin du fait qu'elle était déjà tatouée en quittant la Terre de Kerguelen, et que le L'opération avait été si récente que la chair en était encore enflammée. C'était d'autant plus nécessaire que le tatouage n'était pas daté.

Mme Thomas écoutait l'histoire la bouche ouverte, perdue entre l'admiration pour le courage d'Augusta et le regret que ses épaules aient été ruinées de cette façon.

« Eh bien, le moins qu'il puisse faire (faisant allusion à Eustace) est de vous épouser après que vous vous soyez gâté de cette façon pour son bénéfice », a déclaré la pratique Mme Thomas.

"Absurdité! Mme Thomas," dit Augusta, rougissant jusqu'à ce que les marques de tatouage sur ses épaules ressemblent à des lignes bleues dans une mer de pourpre, et tapant du pied avec une telle énergie que son hôtesse sursauta.

Il n'y avait aucune raison pour qu'elle réserve un accueil aussi chaleureux à une remarque innocente ; mais alors, comme le lecteur l'aura sans doute observé, la réticence que montrent certaines jeunes femmes à parler de la possibilité de leur mariage avec l'homme sur lequel elles ont jeté leur dévolu n'a d'égale que l'empressement avec lequel elles l'épousent. quand le temps viendra.

Après avoir invité Dick et Augusta à un petit-déjeuner composé de porridge et de café, qu'ils trouvèrent tous deux délicieux, bien que le prix fût en réalité plutôt grossier, Mme Thomas, ne pouvant retenir sa curiosité, se dirigea vers la terre pour voir les cabanes et aussi les restes de M. Meeson, qui, bien que peu agréables à voir, étaient sans aucun doute intéressants. Avec elle aussi se rendait la plupart de l'équipage, occupés à la même mission, et aussi à obtenir de l'eau, dont le harpon manquait.

Dès qu'elle fut laissée seule, Augusta retourna à la cabine, emmenant Dick avec elle, et s'allongea sur la couchette avec un sentiment de sécurité et de reconnaissance auquel elle était depuis longtemps étrangère, où très vite elle s'endormit profondément. .

CHAPITRE XII.
QUAI DE SOUTHAMPTON.

Lorsqu'Augusta rouvrit les yeux , elle devint consciente d'un violent mouvement de roulement qu'elle ne pouvait pas se tromper. Ils étaient en mer.

Elle se leva, lissa ses cheveux et monta sur le pont, où elle constata qu'elle avait dormi plusieurs heures, car le soleil se couchait. Elle se dirigea vers l'endroit où Mme Thomas était assise près du volant avec le petit Dick à côté d'elle et, après les avoir salués, se tourna pour regarder le coucher du soleil. La vue était assez belle, car les grandes vagues, poussées par le vent d'ouest, qui dans ces latitudes souffle presque toujours un demi-coup de vent, se précipitaient devant elles sauvages et libres, et le jet aigu de leurs crêtes écumantes frappait sur elle. le front comme un fouet. Le soleil se couchait et les flèches de la lumière mourante volaient vite et loin à travers le sein gonflé des profondeurs. Rapides et lointains, ils s'envolèrent de la gloire orageuse de l'ouest, illuminant les surfaces pâles des nuages et teintant les eaux grises de cette mer majestueuse d'une teinte sanglante. Ils embrassèrent les voiles ventrales et semblèrent reposer sur les hauts camions du navire, puis voyagèrent de plus en plus loin, et de loin, à travers le grand empyrée de l'espace jusqu'à ce qu'ils se brisent et disparaissent sur le bord arrondi de l'horizon. Là, derrière eux – à des kilomètres derrière eux – la Terre des Kerguelen dressait ses falaises féroces sur le ciel crépusculaire. Claires et désolées, elles se dressaient dans une indicible solitude, et sur leurs surfaces enneigées les rayons du soleil battaient froidement comme le souffle chaud de quelque passion humaine battant sur la poitrine de marbre d'Aphrodite.

Augusta regarda ces mornes falaises qui avaient si bien failli constituer son monument monumental et frissonna. C'était comme un rêve hideux.

Et puis les ombres sombres et rampantes de la nuit jetèrent leurs voiles autour et sur eux, et ils disparurent. Ils furent engloutis dans les ténèbres, et elle les perdit de vue, ainsi que les grandes mers qui battent et s'agitent sans cesse autour de leurs pieds de pierre ; et, sauf en rêve, elle ne revoyait plus les yeux sur leur solitude sans mesure.

La Nuit s'est levée en force et a secoué une rosée dorée d'étoiles des tresses de ses nuages ruisselants, jusqu'à ce que les merveilleux cieux profonds scintillent d'une myriade de points gemmes . Le vent d'ouest qui s'en allait chantait son chant sauvage parmi les cordages et s'élançait parmi les voiles comme avec un battement d'ailes. Le navire se pencha comme une jeune fille reculant devant un baiser, puis, frissonnant, s'enfuit, sautant de vague en vague alors qu'ils se levaient et jetaient leurs bras blancs autour d'elle, dans le but de l'entraîner vers le bas et de la retenir contre la poitrine haletante de l'océan.

Le gréement se tendait et les énormes voiles battaient dans le tonnerre tandis que le Harpon fonçait sur sa route, et tout autour était la grandeur et la majesté actuelle de la puissance. Augusta leva les yeux et soupira, elle ne savait pas pourquoi. Le sang rapide de la jeunesse coulait dans ses veines, et elle se réjouissait extrêmement de savoir que la vie et toutes ses possibilités s'offraient encore à elle. Mais encore un peu de cet endroit épouvantable et ils seraient restés derrière. Ses jours auraient été comptés avant qu'elle n'ait à peine eu le temps de porter un grand coup dans la grande lutte humaine qui fait rage sans cesse d'âge en âge. La voix de son génie aurait été étouffée au moment où ses notes commençaient à vibrer, et son message n'aurait jamais été prononcé au monde. Mais maintenant, le Temps était de nouveau devant elle, et oh ! la proximité de la mort lui avait appris la valeur indescriptible de ce seul bien sur lequel nous pouvons compter : la vie. Non pas, en effet, cette vie pour laquelle tant de personnes vivent, la vie menée pour soi et ayant pour principe, sinon pour unique fin, la satisfaction de ses désirs personnels ; mais une vie tout à fait supérieure, une vie consacrée à raconter ce que son instinct aigu savait être la vérité et à peindre, même imparfaitement, avec le pigment de son noble art, ces visions de beauté qui semblaient parfois reposer comme des ombres célestes sur son âme.

Trois mois se sont écoulés – trois longs mois d'eaux agitées et de vents omniprésents. Le Harpoon, qui faisait route vers Norfolk, aux États-Unis, n'en avait fait qu'un mauvais passage. Elle s'est lancée dans les alizés du sud-est, et tout s'est bien passé jusqu'à ce qu'ils atteignent St. Paul's Rocks, où ils ont été retenus par le marasme et les vents variables. Ensuite, il passa dans les alizés du nord-est, puis, plus au nord, rencontra une série de coups de vent d'ouest qui le conduisirent finalement aux Açores, au moment même où son équipage commençait à manquer d'eau et de provisions. Et ici Augusta a fait ses adieux à son ami le capitaine yankee ; car le baleinier qui lui avait sauvé la vie et celui de Dick, après avoir été réaménagé une fois de plus, s'embarqua pour son voyage presque sans fin. Elle se tenait sur le brise-lames de Ponta Delgada et regardait le harpon passer. Les hommes la reconnurent et l'acclamèrent vigoureusement, et le capitaine Thomas ôta son chapeau ; car tout l'équipage du navire, jusqu'au mousse, était éperdument amoureux d'Augusta ; et les offrandes extraordinaires qu'ils lui avaient faites en se séparant, la plupart liées d'une manière ou d'une autre à ce noble animal qu'est la baleine, suffisaient à remplir une caisse de bonne dimension. Augusta leur répondit en agitant son mouchoir ; mais elle ne les voyait pas beaucoup, parce que ses yeux étaient pleins de larmes. Elle en avait assez du harpon, et pourtant elle hésitait à lui dire adieu ; car ses journées à bord avaient été à bien des égards reposantes et heureuses ; ils lui avaient donné de l'espace et du temps pour se préparer avant de se replonger dans la lutte de la vie active. En outre, elle avait toujours été traitée avec cette gentillesse et cette considération constantes pour lesquelles le peuple américain est à juste titre réputé dans ses relations avec toutes les personnes dans le malheur.

Mais Augusta n'était pas la seule à assister avec tristesse au départ du Harpoon. Premièrement, il y avait le petit Dick, qui avait acquis une belle voix traînante de Yankee, et avait grandi d'un bon demi-pouce à bord, et qui hurlait assez lorsque son ami particulier, un maître d'équipage remarquablement féroce et à l'air macabre, l'apportait en offrande d'adieu. une grande dent de baleine, patiemment sculptée par lui-même, avec une image pleine d'entrain de leur sauvetage en terre de Kerguelen. Et puis il y avait Mme Thomas elle-même. Lorsqu'ils atteignirent enfin l'île Saint-Michel, aux Açores, Augusta avait offert de payer cinquante livres, soit la moitié des cent souverains que lui avait donnés M. Meeson, au capitaine Thomas comme frais de passage, sachant qu'il était par pas de gémissements surchargés des biens de ce monde. Mais il refusa catégoriquement de toucher à un sou, affirmant que ce serait malchanceux de prendre de l'argent à un naufragé. Augusta insista aussi vigoureusement ; et finalement un compromis fut trouvé. Mme Thomas avait hâte, prise de cette espèce aiguë de mal du pays dont les habitants du Suffolk ne sont pas plus exempts que les autres, de visiter le pays où elle est née et les gens au milieu desquels elle a grandi. Mais elle ne pouvait pas vraiment se le permettre. Par conséquent, les cinquante livres offertes par Augusta ont été affectées à cet effet, et Mme Thomas s'est arrêtée avec Augusta à Ponta Delgada, attendant que le London and West India Line Packet les emmène à Southampton.

C'est ainsi qu'ils se sont retrouvés ensemble sur la digue de Ponta Delgada et ont vu ensemble le Harpoon naviguer vers le soleil couchant.

Puis vint une douce quinzaine de rêve dans la belle île de Saint-Michel, où la nature est toujours comme une épouse et n'atteint jamais le stade de la mère travailleuse et épuisée par le labeur, élancée et maigre sous le fardeau de la maternité. L'acte mental de revenir sur cette époque, au fil des années, rappelait toujours aux sens d'Augusta l'odeur des fleurs d'oranger et la vue des riches fleurs de grenade faisant rougir les roses. C'était un moment agréable, car le consul anglais les recevait avec la plus grande hospitalité - avec beaucoup plus d'enthousiasme personnel, en fait, qu'il ne jugeait généralement nécessaire d'en montrer envers les voyageurs naufragés - une classe de personnes dont les représentants consulaires à l'étranger devaient se lasser un peu. leurs malheurs éternels et leur éternel manque de vêtements. En effet, le seul inconvénient de sa jouissance était que le Consul, un vaillant fonctionnaire aux cheveux roux, également charmé par ses aventures, sa renommée littéraire et sa personne, montrait une disposition décidée à tomber amoureux d'elle, et un rouge- L'officier consulaire, chevelu et par conséquent ardent, est, dans ces circonstances, un personnage quelque peu inquiétant. Mais le temps s'écoulait sans que rien de grave ne se produise ; et enfin, un matin après le petit déjeuner, un homme arriva en courant pour annoncer que le courrier était en vue.

alors ses adieux affectueux au consul aux cheveux d'or, qui la regardait à travers ses lunettes et soupirait en pensant à ce qui aurait pu se passer dans le doux passage ; et la cloche du navire sonna, et l'hélice se mit à tourner, laissant le Consul soupirer encore à l'horizon ; et en temps voulu, Augusta et Mme Thomas se retrouvèrent sur le quai de Southampton, au centre d'une foule admirative et enthousiaste.

Le capitaine avait raconté cette histoire extraordinaire aux fonctionnaires du port lorsqu'ils étaient montés à bord du navire, et en arrivant à terre, les fonctionnaires du port s'étaient empressés de dire à toutes les âmes vivantes qu'ils rencontraient la merveilleuse nouvelle que deux survivants du malheureux Kangourou - l'histoire de dont la fin tragique avait provoqué un frisson d'horreur dans le monde anglophone, étaient sains et saufs à bord du bateau des Antilles. Ainsi, au moment où Augusta, Mme Thomas et Dick étaient en sécurité à terre, leur histoire, ou plutôt diverses versions déformées de celle-ci, était diffusée dans les différentes agences de presse et se répandait dans Southampton comme une traînée de poudre. A peine leurs pieds étaient-ils posés sur le quai, que, d'un bond, des hommes sauvages, des carnets à la main, se précipitèrent sur eux et les abattirent d'une pluie de questions. Augusta, incapable de répondre à toutes à la fois, se contenta de dire « oui », « oui », « oui » à tout, d'où elle trouva ensuite, à sa grande surprise, une monosyllabe, ces féroces et actifs les journalistes parvinrent à inventer une histoire suffisamment émouvante ; qui comprenait des récits élogieux sur les horreurs du naufrage et, ce qui la surprit plutôt, une déclaration positive selon laquelle elle et les marins avaient vécu quinze jours sur les restes grillés de M. Meeson. Un intervieweur, étant un homme de petite taille et, par conséquent, incapable de donner des coups de pied et de se frayer un chemin à travers le ring qui entourait Augusta et Mme Thomas, s'est emparé du petit Dick et a commencé à gazouiller et à lui claquer des doigts pendant qu'il lui demandait. lui poser les questions qu'il jugeait adaptées à son âge.

Dick, terriblement alarmé, s'enfuit en hurlant ; mais cela n'empêcha pas qu'une chronique et demie intitulée « Le récit du malheur de l'enfant » parût le jour même dans un journal réputé pour l'exactitude et le caractère peu sensationnel de ses communications. Et l'armée des intervieweurs n'était pas la seule terreur à laquelle ils devaient faire face. Les petites filles leur offraient des bouquets ; une vieille dame, dont le cerveau était imprégné de l'idée que les naufragés se déplaçaient nus bien plus longtemps qu'il n'était nécessaire après l'événement, arriva avec une brassée de sous-vêtements flottant au vent

; et enfin, un grand monsieur, avec une belle moustache, mit dans la main d'Augusta un mot écrit à la hâte au crayon, qui, une fois ouvert, se révéla être une *offre de mariage* !

Mais enfin ils se trouvèrent dans une voiture de première classe, prêts à partir, ou plutôt à démarrer. Les messieurs qui les interviewaient, dont deux avaient la tête coincée par la fenêtre, furent entraînés de force par les fonctionnaires, toujours en train de poser des questions. Le grand monsieur moustachu, qui planait à l'arrière-plan, leur sourit avec un doux adieu, dans lequel la modestie visiblement lutté contre l'espoir, le chef de gare ôta sa casquette et, une minute plus tard , ils quittaient la gare de Southampton.

Augusta retomba avec un soupir de soulagement, puis éclata de rire à la pensée du monsieur aux belles moustaches . Sur le siège en face d'elle, quelqu'un avait pensivement placé quelques journaux de la journée. Elle prit le premier qui lui tombait sous la main et y jeta un coup d'œil distrait, dans l'idée d'essayer de reprendre le fil des événements. Ses yeux tombèrent instantanément sur le nom de M. Gladstone imprimé sur toute la feuille en caractères de différentes tailles, et elle soupira. La vie sur les vagues de l'océan avait été assez périlleuse et désagréable, mais en tout cas, elle avait été libérée de M. Gladstone et de ses agissements. Quoi qu'on puisse dire de lui, ce *n'était pas* un vieillard de la mer. Tournant le journal avec impatience, elle tomba sur les rapports de la Division des successions, des divorces et de l'amirauté de la Haute Cour. Le premier rapport était ainsi rédigé : -

DEVANT LE TRÈS HONORABLE LE PRÉSIDENT.

DANS L'AFFAIRE DE MEESON, DÉCÉDÉ.

Il s'agissait d'une demande faisant suite à la perte du RMS Kangaroo, le 18 décembre dernier. On se souvient que sur environ un millier d'âmes à bord de ce navire, les occupants d'un seul bateau, soit vingt-cinq personnes en tout, furent sauvés. Parmi les noyés se trouvait M. Meeson, directeur de la célèbre maison d'édition Meeson, Addison et Roscoe, and Co. (Limited) de Birmingham, qui était à l'époque en visite en Nouvelle-Zélande et en Australie dans le cadre de la activité de l'entreprise.

M. Fiddlestick, cr, qui a comparu pour les demandeurs avec M. Pearl (et qui a été entendu de manière quelque peu imparfaite), a déclaré que les faits liés au naufrage du Kangaroo seraient probablement encore si frais dans l'esprit de Sa Seigneurie qu'il ne serait pas nécessaire qu'il les détaille, bien qu'il les ait sous les yeux sous serment. Sa Seigneurie se souviendra qu'un seul bateau rempli de personnes avait survécu à ce naufrage, peut-être le plus terrible de la génération. Parmi les noyés se trouvait M. Meeson ; et cette demande était au nom des exécuteurs testamentaires de son testament pour obtenir l'autorisation de présumer son décès. La propriété qui passa par testament était en effet très grande ; s'élevant au total, comprit M. Fiddlestick, à environ deux millions sterling, ce qui, peut-être, pourrait inciter Sa Seigneurie à procéder avec beaucoup de prudence en autorisant l'homologation.

Le président : Eh bien, le montant des biens n'a rien à voir avec les principes sur lesquels la Cour agit en matière de présomption de décès, M. Fiddlestick.

C'est tout à fait vrai, mon Seigneur, et je pense que dans ce cas, Votre Seigneurie sera convaincue qu'il n'y a aucune raison pour que l'homologation ne soit pas délivrée. Il est humainement parlant impossible que M. Meeson ait pu échapper à la destruction générale.

Le Président : Avez-vous un affidavit de quelqu'un qui a vu M. Meeson dans l'eau ?

Non, mon Seigneur ; J'ai un affidavit d'un marin nommé Okers , le seul homme qui a été ramassé dans l'eau après le naufrage du Kangourou, qui déclare qu'il croit avoir vu M. Meeson sauter du navire dans l'eau, mais l'affidavit ne porte pas la question plus loin. Il ne peut pas jurer que c'était M. Meeson.

Le Président : Eh bien, je pense que cela suffira. La Cour est nécessairement opposée à l'autorisation de la présomption de décès, sauf sur la base d'une preuve de la nature la plus satisfaisante. Néanmoins, étant donné que près de quatre mois se sont écoulés depuis le naufrage du Kangourou dans des circonstances qui rendent extrêmement improbable qu'il y ait eu d'autres survivants, je pense qu'il peut raisonnablement présumer que M. Meeson a partagé le sort des autres passagers.

M. Fiddlestick : Le décès est présumé à partir du 18 décembre.

Le Président : Oui, à partir du XVIII.

M. Fiddlestick : Si Votre Seigneurie le souhaite.

Augusta reposa le journal en haletant. Elle était là, saine et sauve, avec la véritable dernière volonté de M. Meeson tatouée sur elle ; et « l'homologation avait donné » – quelle que soit la signification de cette formule mystérieuse – un autre testament, et non le véritable dernier testament. Cela signifiait (comme elle le supposait dans son ignorance) que sa volonté n'était pas bonne, qu'elle avait enduré cet abominable tatouage en vain et qu'elle était, en vain, marquée à vie.

C'était trop; et, dans un accès de dépit, elle jeta le *Times* par la fenêtre et se rejeta sur le coussin, très encline à pleurer.

CHAPITRE XIII.
EUSTACE ACHETE UN PAPIER.

En temps voulu, le train qui transportait Augusta et sa fortune, programmé pour atteindre Waterloo à 17 h 40, arriva en gare. Le train était rapide, mais le télégraphe avait été plus rapide. Tous les journaux du soir avaient publié des récits plus ou moins précis de leur évasion, et la plupart avaient ajouté que les deux survivants atteindraient Waterloo par le train de 5 heures 40. La conséquence en fut que lorsque le train s'arrêta sur le quai, Augusta, en regardant dehors, fut horrifiée de voir une masse dense d'êtres humains tenus en échec par une file de policiers.

Cependant, le garde maintenait la porte ouverte, il n'y avait donc qu'à sortir, ce qu'elle fit en prenant Dick par la main, ce qui mettait nécessairement son identité hors de tout doute. Dès qu'elle mit le pied sur le quai, la foule l'aperçut, et il y eut un tel cri de bienvenue qu'elle faillit se réfugier de nouveau dans la voiture. Pendant un moment, elle hésita, et la foule, voyant combien elle était douce et belle (car les trois mois d'air marin l'avaient rendue plus grosse et encore plus belle), l'acclama de nouveau avec cet enthousiasme particulier qu'un public averti montre toujours pour un moment. joli visage. Mais alors même qu'elle se tenait perplexe sur la plate-forme , elle entendit un fort « Faites place, faites place là ! » et j'ai vu la multitude divisée par un petit groupe de fonctionnaires, qui escortaient quelqu'un vêtu de l'herbe de la veuve.

Une seconde plus tard, il y eut un cri de joie, et une petite dame douce et pâle avait couru vers l'enfant Dick et le serrait contre son cœur, sanglotant et riant à la fois.

"Oh! mon garçon! mon garçon!" s'écria Lady Holmhurst , car c'était elle, je pensais que vous étiez morte… morte depuis longtemps !

Et puis elle se tourna et, devant tout le monde, elle s'accrocha au cou d'Augusta, l'embrassa et la bénit, parce qu'elle avait sauvé son unique enfant et qu'elle avait à moitié enlevé le poids mort de sa désolation. À quoi la foule applaudissait, pleurait, criait, jurait avec enthousiasme et bénissait leurs étoiles qu'ils étaient là pour voir.

Et puis, dans un brouillard de bruit et d'excitation, ils furent conduits à travers la foule en liesse jusqu'à l'endroit où se trouvaient une voiture et un couple, et on les aida à y monter, Mme Thomas étant placée sur le siège avant, et Lady Holmhurst et Augusta sur le siège avant. de dos, la première avec Dick haletant sur ses genoux.

Et maintenant, le petit Dick est hors de l'histoire.

Puis un autre événement s'est produit, qu'il faut remonter un peu en arrière pour expliquer.

Lorsqu'Eustache Meeson était arrivé en ville, après avoir été formellement déshérité, il avait réussi à obtenir un poste de lecteur de latin, de français et de vieil anglais dans une maison d'édition réputée. En fait, cet après-midi même, il se promenait sur le Strand, après avoir terminé une journée de travail assez intense et l'esprit rempli de ces bricoles vaines et quelque peu confuses de spéculation que connaissent la plupart des travailleurs du cerveau. Il paraissait plus âgé et plus pâle que la dernière fois que nous l'avions rencontré, car le chagrin et le malheur avaient imposé sur lui leurs lourdes mains. Quand Augusta était partie, il avait découvert qu'il était éperdument amoureux d'elle de cette manière malheureuse - quatre-vingt-dix-neuf fois sur cent, c'est malheureux - dont beaucoup d'hommes susceptibles tombent parfois amoureux dans leur vie. la jeunesse – une manière qui marque le cœur pour la vie d'une manière qui ne peut pas plus être effacée que l'empreinte d'un fer chaud ne peut être effacée du corps physique. Une telle affection – qui n'est pas tout à fait terrestre –, lorsqu'elle s'empare d'un homme, s'avèrera soit la plus grande bénédiction de sa vie, soit l'une des malédictions les plus lourdes et les plus durables qu'un destin malin puisse lui infliger. Car s'il réalise son désir, même s'il purge sa peine de sept ans, la vie lui sera sûrement privée de la moitié de son mal. Mais s'il la perd , soit par malheur, soit parce qu'il a donné tout cela à quelqu'un qui n'a pas compris le cadeau, ou à quelqu'un qui considérait l'amour et elle-même comme une monnaie pour acheter sa place et le luxe de ses jours, alors il la perdrait. être de tous les hommes parmi les plus misérables. Car rien ne peut lui rendre ce qui lui a été retiré.

Eustache n'avait vu Augusta que deux fois dans sa vie ; mais alors la passion ne dépend pas nécessairement d'un rapport antérieur constant avec son objet. Le coup de foudre est assez courant, et dans ce cas, Eustace ne dépendait pas entièrement des paroles prononcées par son adorée, ni du souvenir de sa beauté très palpable. Car il avait ses livres. Pour ceux qui connaissent quelque chose de l'écrivain, suffisamment, disons, pour lui permettre d'attribuer une valeur approximative à ses sentiments, de manière à se faire une idée plus ou moins précise du moment où il parle avec son propre esprit, lorsqu'il parle avec l'esprit de la marionnette en main, et lorsqu'il expose simplement un cas, les livres d'une personne sont pleins d'informations et amènent cette personne dans un contact plus étroit et plus intime avec le lecteur que n'importe quel rapport personnel. . Car ce qu'il y a de meilleur et de pire chez un individu se reflétera dans ses pages, puisque, à moins qu'il ne soit le plus pauvre des auteurs bidons, il doit nécessairement y déposer les images qui passent dans les miroirs de son cœur.

Ainsi, il semblait à Eustace, qui connaissait presque par cœur « Le Vœu de Jemima » ainsi que son précédent travail avorté, qu'il connaissait très intimement Augusta, et alors qu'il rentrait chez lui ce soir de mai, il réfléchissait assez tristement à tout ce qu'il avait vécu. avait perdu dans ce cruel naufrage. Il avait perdu Augusta et, qui plus est, il avait perdu son oncle et l'immense fortune de son oncle. Car lui aussi avait vu le rapport sur la candidature de Meeson dans le *Times* et, même s'il savait qu'il était déshérité, c'était un peu écrasant. Il avait perdu sa fortune à cause d'Augusta, et maintenant il avait perdu Augusta aussi ; et il réfléchissait, non sans effroi, à la longue et morne existence qui s'étendait devant lui, remplie comme de prospectives piles de preuves latines. Avec un soupir, il s'arrêta au carrefour de la rue Wellington, dans le Strand, qui, en raison du flux constant de circulation à cet endroit, est l'un des pires de Londres. Il y avait en ce moment un barrage, comme il y en a généralement, et il resta quelques minutes à regarder les courses frénétiques d'une vieille femme, qui essayait toujours de le traverser au mauvais moment, non sans quelque amusement. Bientôt, cependant, un garçon avec un paquet de *globes dépliés* sous le bras arriva en courant, rendant l'endroit hideux avec ses hurlements.

"Merveilleuse évasion d'une dame et d'un bébé han !" » rugit-il. "Récit des survivants du Kangourou - évasion merveilleuse - île déserte - arrivée du Magnolia avec les criminels."

Eustace sursauta et acheta instantanément un exemplaire du journal, franchissant la porte d'un magasin où l'on vendait des bijoux maçonniques de toutes tailles et teintes, afin de le lire. La toute première chose sur laquelle son regard tomba fut un paragraphe éditorial.

« Dans une autre chronique, disait le paragraphe, on trouvera un bref récit, télégraphié de Southampton au moment où nous allons mettre sous presse, de l'histoire maritime la plus remarquable que nous connaissions. L'évasion de Miss Augusta Smithers et du petit Lord Holmhurst - comme nous supposons que nous devons maintenant l'appeler - du malheureux Kangourou, et leur sauvetage ultérieur, sur la terre de Kerguelen, par le baleinier américain, occuperont certainement le rang de l'incident le plus romantique du genre dans les récentes annales des naufrages. Miss Smithers, qui sera mieux connue du public comme l'auteur de ce charmant livre « Le Vœu de Jemima », qui a pris d'assaut la ville il y a environ un an, arrivera à la gare de Waterloo par le train de 5 heures 40, et nous pourrons alors...

Eustache ne lisait plus. Malade et évanoui, d'un dégoût extraordinaire, il s'appuya contre la porte de la boutique maçonnique, qui s'ouvrit aussitôt de la manière la plus hospitalière, le déposant sur le dos sur le sol de l'établissement. En une seconde , il se releva et sortit du magasin avec une telle énergie que le commerçant fut sur le point de crier : « Stop au voleur !

Il était exactement cinq heures et il n'était qu'à un quart de mile de la gare de Waterloo. Un fiacre déambulait devant lui, il se précipita dedans. « Waterloo, ligne principale », a-t-il crié, « aussi fort que possible », et un instant plus tard, il traversait le pont en roulant. Cinq ou six minutes de route l'amenèrent à la gare, où se pressaient un nombre énorme de personnes, rassemblées en partie par la rumeur de ce qui se passait, et en partie par cette contagion magnétique d'excitation qui traverse une foule londonienne comme le feu. à travers l'herbe sèche.

Il congédia le fiacre, jetant au cocher une demi-couronne, ce qui, étant donné que les demi-couronnes n'étaient pas très abondantes chez lui, était une chose téméraire à faire, et il se fraya un chemin vigoureusement à travers la cohue jusqu'à ce qu'il atteigne l'endroit où se trouvait le véhicule. La voiture et le couple étaient debout. La voiture commençait à peine à avancer.

"Arrêt!" cria-t-il à pleine voix au cocher qui s'arrêta de nouveau. Un instant plus tard, il était à côté, et là, plus doux et plus beau que jamais, il revoyait son amour.

» Elle sursauta en entendant sa voix, qu'elle semblait connaître, et leurs regards se croisèrent. Leurs yeux se rencontrèrent et une grande lumière de bonheur jaillit dans son doux visage et y brilla jusqu'à ce qu'il soit recouvert et perdu dans la chaude rougeur qui suivit.

Il essaya de parler, mais n'y parvint pas. Il a essayé deux fois, et deux fois il a échoué, et pendant ce temps, la foule criait comme n'importe quoi. Mais il finit par le dire : « Dieu merci ! » balbutia-t-il, "Dieu merci, tu es en sécurité!"

Pour répondre, elle lui tendit la main et lui lança un doux regard. Il le prit, et la voiture recommença à avancer.

"Où te trouves-tu ?" il a eu la présence d'esprit de demander.

« Chez Lady Holmhurst . Venez demain matin ; J'ai quelque chose à vous dire » , répondit-elle, et une minute plus tard, la voiture disparut, le laissant là dans un état d'esprit qui « peut vraiment être mieux imaginé que décrit ».

CHAPITRE XIV.
À HANOVER-SQUARE.

Eustace ne parvenait jamais à se rappeler exactement comment il avait vécu la soirée de cette journée mouvementée. Tout ce qui s'y rapportait lui paraissait flou. Mais comme, heureusement pour le lecteur de cette histoire, nous ne sommes pas entièrement dépendants de la mémoire d'un jeune homme amoureux, chose toujours délicate à gérer, disposant d'autres sources d'informations exclusives, autant remplir le trou. Tout d'abord , il se rendit à son club et saisit un « Livre rouge », dans lequel il découvrit que la maison londonienne de Lord Holmhurst , ou plutôt de Lady Holmhurst , se trouvait sur la place de Hanovre. Puis il se dirigea vers ses appartements dans l'une des petites rues latérales donnant sur le Strand et prit l'habitude de dîner ; après quoi une terrible inquiétude s'empara de lui, et il se mit en marche. Ce jeune homme marcha pendant trois bonnes heures, ce qui était sans doute une bonne chose pour lui, car on ne fait jamais assez d'exercice à Londres ; et à la fin de ce temps, après avoir déjà fait un aller-retour à Hammersmith, il se retrouva attiré vers la place de Hanovre. Une fois sur place, il n'eut aucune difficulté à trouver le numéro. Il y avait de la lumière dans le parquet du salon et, la nuit étant chaude, une des fenêtres était ouverte, de sorte que la lumière de la lampe brillait doucement à travers les rideaux de dentelle. Eustace traversa la rue et, s'appuyant contre la grille de fer de la place, leva les yeux. Il fut récompensé de sa peine, car, à travers le rideau vaporeux, il distinguait les formes de deux dames assises côte à côte sur un pouf, le visage tourné vers la fenêtre, et dans l'une d'elles il n'eut aucune difficulté à reconnaître . Auguste. Sa tête reposait sur sa main et elle parlait sérieusement à son compagnon. Il se demandait de quoi elle parlait et avait envie d'aller sonner et de demander à la voir. Pourquoi devrait-il attendre jusqu'à demain matin ? Bientôt, cependant, de meilleurs conseils prévalurent et, bien que durement contre sa volonté, il s'arrêta là où il était jusqu'à ce qu'un policier, trouvant son regard ravi suspect, lui demande d'un ton bourru de continuer son chemin.

Regarder son unique amour à travers une fenêtre ouverte est sans aucun doute une occupation délicieuse, quoique quelque peu alléchante ; mais si les oreilles d'Eustache avaient été aussi bonnes que ses yeux, et s'il avait pu entendre la conversation qui se déroulait dans le salon, il aurait été encore plus intéressé.

Augusta venait de dérouler la partie de son histoire qui concernait le document important tatoué sur ses épaules, que Lady Holmhurst avait écouté « ore rotundo ».

« Ainsi donc, le jeune homme vient ici demain matin », dit Lady Holmhurst ; « comme c'est délicieux ! Je suis sûr qu'il avait l'air d'un très gentil jeune homme et qu'il avait de très beaux yeux. C'est la chose la plus romantique dont j'ai jamais entendu parler.

«Cela peut être délicieux pour vous, Bessie», dit Augusta d'un ton plutôt acerbe, «mais je qualifie cela de dégoûtant. C'est très bien de se faire tatouer sur une île déserte ; ce n'est pas que ce soit très agréable, je peux vous le dire ; mais c'en est une autre de devoir montrer les résultats dans un salon de Londres. Bien sûr, M. Meeson voudra voir ce testament, quelle que soit sa valeur ; et j'aimerais te demander, Bessie, comment je dois le lui montrer ? C'est sur mon cou.

« Je n'ai pas observé, » dit sèchement lady Holmhurst , « que les dames, en règle générale, aient une objection insurmontable à montrer leur cou. Si vous avez un doute sur ce point, je vous recommande de vous faire inviter à un bal londonien. Il vous suffira de porter une robe basse. Le fait d'être tatoué ne rend pas plus inconvenant pour vous de montrer vos épaules que cela ne le serait si elles n'étaient pas tatouées.

"Je n'ai jamais porté de robe basse", a déclaré Augusta, "et je ne veux pas montrer mes épaules".

« Ah, eh bien, » dit sombrement lady Holmhurst ; « J'ose dire que ce sentiment va bientôt s'estomper. Mais bien sûr, si vous ne le faites pas, vous ne le ferez pas ; et, dans ces circonstances, vous feriez mieux de ne rien dire au sujet du testament, même si, ajouta-t-elle savante, bien sûr, cela constituerait un crime.

"Est-ce que cela serait? Je ne vois pas très bien où le crime entre en jeu. »

« Eh bien, bien sûr, c'est ainsi : vous volez le testament, c'est un crime ; et si vous ne le lui montrez pas, je suppose que vous l'aggravez ; c'est une double infraction : un crime composé.

"Absurdité!" » répondit Augusta à cet exposé du droit qui fut, on l'avouera, presque aussi lucide et convaincant que celui d'un QC moyen « Comment puis-je voler mes propres épaules ? C'est impossible."

"Oh non; pas du tout. Vous ne savez pas quelles choses amusantes vous pouvez faire. J'ai eu un cousin que j'ai accompagné pour son examen du barreau et j'ai alors beaucoup appris sur ce sujet. Pauvre gars! il a été plumé huit fois.

"Je suis sûr que je ne m'en demande pas", dit grossièrement Augusta. « Eh bien, je suppose que je dois mettre cette robe basse ; mais c'est horrible — parfaitement horrible ! Il faudra m'en prêter un, c'est tout.

"Ma chère", répondit Lady Holmhurst en jetant un coup d'œil aux mauvaises herbes de sa veuve. "Je n'ai pas de robes basses : mais peut-être que je pourrai en trouver parmi les choses que j'ai rangées avant le départ", et ses yeux se remplirent de larmes.

Augusta lui prit la main et elles commencèrent à parler de ce grand deuil et de leur propre merveilleuse survie, jusqu'à ce qu'elle finisse par diriger la conversation vers le petit Dick, et Bessie Holmhurst sourit de nouveau à la pensée que son garçon chéri, son unique enfant, Elle dormait en toute sécurité dans les escaliers et non, comme elle l'avait cru, en train de se laver au fond de l'océan. Elle prit la main d'Augusta, la baisa et la bénit d'avoir sauvé son enfant, jusqu'à ce que tout à coup, au grand soulagement de cette dernière, le majordome ouvrit la porte et lui dit que deux messieurs voulaient tout particulièrement parler à Miss Smithers. Et puis elle fut de nouveau livrée à ses anciens ennemis, les enquêteurs ; et après eux vinrent les représentants de l'entreprise, puis d'autres journalistes spéciaux, puis un artiste d'un des journaux illustrés, qui insista pour qu'elle lui donne rendez-vous dans un langage qui, bien que poli, indiquait qu'il avait l'intention de faire ce qu'il voulait. ; et ainsi de suite jusqu'à près de minuit, lorsqu'elle se précipita au lit et ferma la porte à clé.

Le lendemain matin, Augusta apparut au petit déjeuner, vêtue d'une robe basse extrêmement convenable, que Lady Holmhurst lui envoya avec son eau chaude. Elle n'en avait jamais porté auparavant, et c'est certainement essayer d'enfiler une robe basse pour la première fois en plein jour - en effet, elle se sentait aussi coupable qu'une personne aux habitudes tempérées lorsqu'on la persuade de boire un cognac et un soda avant. Se lever. Cependant, il n'y avait aucune aide pour cela ; alors, jetant un châle sur ses épaules, elle descendit.

"Ma chère, laissez-moi voir", dit Lady Holmhurst dès que le domestique eut quitté la pièce.

Avec un soupir, Augusta découvrit ses épaules et son amie courut autour de la table pour les regarder. Là, sur son cou, se trouvait le testament. L'encre de seiche s'était révélée un excellent médium, et le tatouage était aussi frais que le jour où il avait été fait, et le resterait sans doute jusqu'à la dernière heure de sa vie.

« Eh bien, » dit Lady Holmhurst , « j'espère que le jeune homme vous en sera dûment reconnaissant. Il faudrait que je sois très amoureuse, » et elle regarda Augusta d'un air significatif, « avant de me gâter de cette façon pour un homme. »

Augusta rougit à cette insinuation et ne dit rien. A dix heures, alors qu'ils étaient à moitié déjeunés, la sonnette retentit.

«Le voici», dit Lady Holmhurst en frappant dans ses mains. « Eh bien, si ce n'est pas la chose la plus drôle dont j'ai jamais entendu parler ! J'ai dit à Jones de le faire entrer ici.

A peine les mots étaient-ils sortis de sa bouche que le majordome, qui avait l'air aussi solennel qu'un muet dans son profond deuil, ouvrit la porte et annonça : « M. Eustace Meeson », de ce ton grave et autoritaire que les larbins, et les larbins seuls, ont à leur disposition. Il y eut une pause d'un moment. Augusta se leva à moitié de sa chaise, puis se rassit ; et, remarquant son embarras, Lady Holmhurst sourit malicieusement. Puis entra Eustace lui-même, plutôt beau, extrêmement nerveux et magnifiquement levé, dans une redingote avec une fleur dedans.

"Oh! comment vas-tu?" dit-il à Augusta en lui tendant la main, qu'elle prit assez froidement.

"Comment allez-vous, M. Meeson," répondit-elle. « Permettez-moi de vous présenter Lady Holmhurst . M. Meeson, Lady Holmhurst . Eustace s'inclina et posa son chapeau sur le beurrier, car il était très bouleversé.

« J'espère ne pas être venu trop tôt », dit-il, très confus, en se rendant compte de son erreur. "Je pensais que tu aurais pris le petit-déjeuner."

"Oh, pas du tout, M. Meeson", a déclaré Lady Holmhurst . « Tu ne veux pas une tasse de thé ? Augusta, donnez une tasse de thé à M. Meeson.

Il prit le thé, dont il ne voulait pas du tout, et puis il y eut un silence gênant. Personne ne semblait savoir par où commencer la conversation.

« Comment avez-vous trouvé la maison, M. Meeson ? » dit enfin Lady Holmhurst . « Miss Smithers ne vous a donné aucune adresse, et il y a deux Lady Holmhurst : ma belle-mère et moi.

"Oh, j'ai regardé dehors, puis je suis venu ici hier soir et je vous ai vu tous les deux assis à la fenêtre."

"En effet!" » dit Lady Holmhurst . « Et pourquoi n'es-tu pas entré ? Vous auriez pu contribuer à protéger Miss Smithers des journalistes.

«Je ne sais pas», répondit-il confusément. « Je n'aimais pas ; et en plus, un policier a pensé que j'étais un personnage suspect et m'a dit de passer à autre chose.

« Cher moi, M. Meeson ; vous avez dû nous regarder bien.

Ici Augusta intervint, craignant que son admirateur – car avec un instinct infaillible elle devinait maintenant où en étaient les choses – ne dise quelque chose de stupide. Un jeune homme capable de regarder debout une maison sur la place de Hanovre est, pensait-elle, évidemment capable de tout.

«J'ai été surprise de vous voir hier», dit-elle. "Comment saviez-vous que nous venions?"

Eustace lui a dit qu'il l'avait vu dans le *Globe*. « Je suis sûr que vous ne pouvez pas avoir été aussi surpris que moi, poursuivit-il, j'avais fait en sorte que vous vous noyiez. Je suis allé vous rendre visite à Birmingham après votre départ et j'ai découvert que vous aviez disparu et que vous n'aviez laissé aucune adresse. La servante a déclaré que vous aviez navigué sur un navire appelé « Congre Eel » – dont j'ai appris par la suite qu'il s'agissait d'un Kangourou. Et puis elle est descendue ; et après un long moment, ils ont publié une liste complète des passagers et votre nom n'y figurait pas, et j'ai pensé qu'après tout vous étiez peut-être descendu du navire ou quelque chose comme ça. Puis, quelques jours après, arriva un télégramme d'Albany, en Australie, donnant les noms de Lady Holmhurst et des autres qui furent sauvés, et mentionnant spécialement « Miss Smithers, la romancière » et Lord Holmhurst comme étant parmi les noyés, et c'est comment l'épouvantable suspense a pris fin. C'était horrible, je peux vous le dire.

Les deux jeunes femmes regardèrent le visage d'Eustache et virent qu'il n'y avait aucun doute sur la nature réelle de l'épreuve qu'il avait traversée. C'était si réel qu'il ne semblait jamais lui venir à l'esprit qu'il y avait quelque chose d'inhabituel à ce qu'il exprime un intérêt aussi intense pour les affaires d'une jeune dame avec laquelle il était extérieurement, du moins, au plus simple niveau de connaissance.

"C'était très gentil de votre part de penser autant à moi", dit doucement Augusta. "Je ne savais pas que tu rappellerais, sinon j'aurais laissé un message où j'allais."

« Eh bien, Dieu merci, vous êtes sain et sauf, en tout cas, » répondit Eustace ; » et puis, avec un soudain sursaut d'anxiété, « vous ne retournez pas encore en Nouvelle-Zélande, n'est-ce pas ?

"Je ne sais pas. J'en ai un peu marre de la mer en ce moment.

« Non, en effet, elle ne l'est pas, » dit lady Holmhurst ; « elle va s'arrêter avec moi et Dick. Miss Smithers a sauvé la vie de Dick, vous savez, lorsque l'infirmière, la pauvre, s'est enfuie. Et maintenant, ma chère, tu ferais mieux de parler du testament à M. Meeson.

"La volonté. Ce qui sera?" demanda Eustace.

"Écoutez et vous entendrez."

Et Eustace écoutait, les yeux et les oreilles ouverts, pendant qu'Augusta, surmontant tant bien que mal sa timidité, racontait toute l'histoire de la mort de son oncle et de la manière dont il lui avait communiqué ses volontés testamentaires.

— Et veux-tu me dire, dit Eustache étonné, que tu lui as permis de te faire tatouer sa foutue volonté sur le cou ?

«Oui», répondit Augusta, «je l'ai fait; et qui plus est, M. Meeson, je pense que vous devriez m'être très reconnaissant ; car j'ose dire que j'en serai souvent désolé.

«Je vous suis *très* obligé», répondit Eustace; «Je n'avais pas le droit d'attendre une chose pareille et, enfin, je ne sais que dire. Je n'aurais jamais pensé qu'une femme soit capable d'un tel sacrifice pour… pour un étranger.

Puis vint une autre pause gênante.

« Eh bien, monsieur Meeson, » dit Augusta en se levant enfin brusquement de sa chaise, « le document vous appartient, et je suppose donc que vous feriez mieux de le voir. Non pas que je pense que cela vous sera d'une grande utilité, car je vois que « l'homologation avait été autorisée à délivrer », quoi que cela puisse signifier, l'autre testament de M. Meeson.

«Je ne sais pas si cela aura de l'importance», a déclaré Eustace, «car j'ai entendu un de mes amis, M. Short, qui est avocat, parler d'un cas survenu l'autre jour dans lequel l'homologation a été révoquée sur production d'un document ultérieur. volonté."

"En effet!" répondit Augusta, je suis très heureuse d'entendre cela. Et puis, peut-être, après tout, j'ai été tatoué dans un but précis. Bien; Je suppose que tu ferais mieux de le voir, » et avec un geste à moitié timide et à moitié provocant, elle retira le châle de dentelle de ses épaules et lui tourna le dos pour qu'il puisse voir ce qui était inscrit dessus.

lui valoir deux millions d'argent.

« Merci », dit-il enfin, et, reprenant le châle de dentelle, il le lui lança de nouveau.

« Si vous voulez bien m'excuser quelques minutes, M. Meeson », interrompit alors Lady Holmhurst ; «Je dois aller voir pour le dîner», et avant qu'Augusta puisse intervenir, elle avait quitté la pièce.

Eustace ferma la porte derrière elle et se tourna, sentant instinctivement qu'une grande crise dans sa fortune était survenue. Il y a des hommes qui font face à une situation d'urgence et d'autres qui reculent devant elle, et la différence est cette différence entre celui qui réussit et celui qui échoue dans la vie, et dans tout ce qui fait que la vie vaut la peine d'être vécue.

Eustache appartenait à la classe qui s'élève et non à celle qui recule.

CHAPITRE XV.
EUSTACE CONSULTE UN AVOCAT.

Augusta était appuyée contre la cheminée de marbre ; en effet, un de ses bras reposait dessus, car c'était une femme de grande taille. Peut-être qu'elle aussi sentait qu'il y avait quelque chose dans l'air ; en tout cas, elle détourna la tête et se mit à jouer avec un homard japonais en bronze qui ornait la cheminée.

« Maintenant, voilà », se dit Eustace en prenant une longue inspiration pour essayer de calmer les violentes pulsations de son cœur.

« Je ne sais pas quoi vous dire, Miss Smithers », commença-t-il.

« Mieux vaut ne rien dire de plus à ce sujet », ajouta-t-elle rapidement. « Je l'ai fait et je suis heureux de l'avoir fait. Qu'importent quelques points si cela permet d'éviter un grand tort ? Il est peu probable que je doive jamais aller au tribunal. En outre, M. Meeson, il y a autre chose ; c'est par moi que tu as perdu ton héritage ; il est juste que j'essaie d'être le moyen de vous le rapporter.

Elle baissa de nouveau la tête et recommença à jouer avec le homard de bronze, lui tenant le bras de telle manière qu'Eustache ne pouvait pas voir son visage. Mais s'il ne pouvait pas voir son visage, elle pouvait voir le sien dans la glace et observait attentivement chacun de ses changements, ce qui, dans l'ensemble, bien que naturel, était plutôt mesquin de sa part.

Le pauvre Eustache pâlit de plus en plus, jusqu'à ce que son beau visage devienne franchement horrible. C'est merveilleux à quel point les jeunes hommes sont effrayés la première fois qu'ils proposent. Cela s'estompe ensuite : avec la pratique, on s'habitue à tout.

"Miss Smithers-Augusta", haleta-t-il, "je veux vous dire quelque chose!" et il s'est arrêté net.

"Oui, M. Meeson," répondit-elle joyeusement, "qu'est-ce qu'il y a ?"

« Je veux vous le dire » — et encore une fois il hésita.

« Qu'allez-vous faire du testament ? suggéra Augusta.

"Non non; rien à propos du testament — s'il vous plaît, ne vous moquez pas de moi et ne me rebutez pas !

Elle leva les yeux innocemment — autant dire qu'elle n'avait jamais rêvé de faire l'une ou l'autre de ces choses. Elle avait un joli visage, et le regard de ses yeux gris brisa complètement la barrière de ses peurs.

« Oh, Augusta, Augusta, dit-il, tu ne comprends pas ? Je t'aime! Je t'aime! Aucune femme n'a jamais été aimée comme je t'aime. Je suis tombé amoureux de toi la toute première fois que je t'ai vu dans le bureau de Meeson, lorsque j'ai eu une dispute avec mon oncle à propos de toi ; et depuis lors, je suis devenu de plus en plus amoureux de toi. Quand j'ai pensé que tu t'étais noyé, cela m'a presque brisé le cœur, et souvent et souvent j'ai souhaité être mort aussi !

Ce fut au tour d'Augusta d'être troublée maintenant, car, même si le sang-froid d'une dame lui est très utile jusqu'au bord d'une affaire de ce genre, il s'effondre généralement *dans les médias* . Quoi qu'il en soit, elle baissa certainement les yeux et se colora les cheveux, tandis que sa poitrine commençait à se soulever tumultueusement.

« Savez-vous, M. Meeson, dit-elle enfin sans oser regarder son visage implorant, que ce n'est que la quatrième fois que nous nous voyons, y compris hier.

«Oui, je sais», dit-il; mais ne me refusez pas pour cela ; vous pouvez me voir aussi souvent que vous le voudrez » — (c'était généreux de la part de maître Eustace) — « et vraiment je vous connais mieux que vous ne le pensez. Je crois que j'ai lu chacun de vos livres vingt fois.

Ce fut un heureux coup, car, si libre de vanité qu'on soit, ce n'est pas dans la nature d'une jeune femme d'entendre que quelqu'un a lu son livre vingt fois sans en être content.

"Je ne suis pas mes livres", a déclaré Augusta.

"Non; mais vos livres font partie de vous, répondit-il, et j'en ai appris plus sur votre véritable moi que je n'aurais fait si je vous avais vu cent fois au lieu de quatre.

Augusta leva lentement ses yeux gris jusqu'à ce qu'ils rencontrent les siens, et le regarda comme si elle cherchait son âme, et le souvenir de ce long et doux regard est encore avec lui.

Il n'en dit pas davantage, et elle n'eut aucun mot ; mais d'une manière ou d'une autre, ils se rapprochèrent de plus en plus l'un de l'autre, jusqu'à ce que ses bras l'entourèrent et que ses lèvres furent pressées sur ses lèvres. Homme heureux et fille heureuse ! ils vivront pour découvrir que la vie a des joies (pour ceux qui sont bons et aisés) mais qu'elle n'a pas de joies aussi saintes et aussi complètes que celle qu'ils expérimentaient maintenant : le premier baiser d'amour vrai et honnête.

Peu de temps après, le majordome entra d'une manière horriblement soudaine et trouva Augusta et Eustace, l'un très rouge et l'autre très pâle, se tenant étrangement près l'un de l'autre. Mais c'était un majordome très bien formé et un homme d'expérience, qui avait vu beaucoup de choses et deviné davantage ; et il avait l'air innocent comme un bébé à naître.

À ce moment-là aussi, Lady Holmhurst entra de nouveau et les regarda tous les deux avec un scintillement amusé dans les yeux. Lady Holmhurst , comme son majordome, était aussi une personne d'expérience.

« Ne veux-tu pas venir au salon ? dit-elle. Et ils l'ont fait, l'air plutôt penaud.

Et là, Eustache s'en rendit compte en annonçant qu'ils étaient fiancés. Et même si c'était en quelque sorte une supposition, étant donné qu'aucun mot de vérité n'avait été échangé entre eux, Augusta restait là, sans jamais offrir un mot de contradiction.

"Eh bien, M. Meeson," dit Lady Holmhurst , "je pense que vous êtes l'homme le plus chanceux que je connaisse, car Augusta n'est pas seulement l'une des filles les plus douces et les plus charmantes que j'aie jamais rencontrées, elle est aussi la plus courageuse et la plus charmante." le plus intelligent. Vous devrez faire attention, M. Meeson, sinon vous serez connu comme le mari de la grande Augusta Meeson.

«Je prendrai le risque», répondit-il humblement. « Je sais qu'Augusta a plus de cerveau dans son petit doigt que j'en ai dans tout mon corps. Je ne sais pas comment elle peut regarder un gars comme moi.

« Cher moi, comme nous sommes humbles ! » » dit Lady Holmhurst . «Eh bien, c'est ainsi que se comportent les hommes avant le mariage. Et maintenant, comme Augusta porte votre fortune sur son dos ainsi que sur son visage et son cerveau, j'ose vous suggérer que vous feriez mieux d'aller voir un avocat à ce sujet ; c'est-à-dire si vous avez complètement terminé votre petite conversation. Je suppose que vous viendrez dîner avec nous, M. Meeson, et si vous préférez venir un peu plus tôt, disons six heures et demie, j'ose dire qu'Augusta se chargera de venir entendre ce que vous avez découvert à ce sujet. le fera, tu sais. Et maintenant... au revoir.

«Je pense que c'est un très gentil jeune homme, ma chère», dit Lady Holmhurst dès qu'Eustache eut tiré sa révérence. « C'était un peu audacieux de sa part de vous proposer la quatrième fois qu'il vous voyait ; mais je pense que l'audace est, en somme, une bonne qualité chez le sexe masculin. Une autre chose est que si cette volonté vaut quelque chose, il sera l'un des hommes les plus riches de toute l'Angleterre ; donc, tout compte fait, je pense pouvoir vous féliciter, ma chère. Et maintenant, je suppose que vous êtes amoureux de ce jeune homme depuis le début. Je l'ai deviné quand j'ai vu ton visage alors qu'il courait vers la voiture hier, et j'en ai été sûr quand j'ai entendu parler du tatouage. Aucune fille ne se laisserait tatouer au nom d'une justice abstraite. Oh oui! Je sais tout à ce sujet ; et maintenant je sors me promener dans le parc avec Dick, et je te conseillerais de te ressaisir, car cet artiste vient te dessiner à midi.

Et elle partit et laissa Augusta à ses réflexions, qui n'étaient pas désagréables, enfin.

Pendant ce temps, Eustace marchait vers le Temple. Or, dans le même hôtel où il résidait depuis quelques mois, deux frères du nom de Short logeaient, et avec ces jeunes messieurs il s'était lié d'amitié. Les deux Shorts étaient des jumeaux, et tellement semblables l'un à l'autre qu'il fallut plus d'un mois avant qu'Eustache puisse savoir avec certitude à qui il s'adressait. Alors qu'ils étaient tous deux au collège, leur père mourut, leur laissant ses biens à parts égales ; et comme ces biens à la réalisation ne s'élevaient pas à plus de quatre cents par an, les jumeaux conclurent très justement qu'ils feraient mieux de faire quelque chose pour compléter leurs modestes revenus. C'est pourquoi, par un coup de génie, ils décidèrent que l'un d'eux serait avoué et l'autre avocat, et se demandèrent ensuite lequel choisirait quel métier. L'idée, bien sûr, était que de cette manière ils pourraient s'apporter mutuellement réconfort et soutien. John donnerait des mémoires à James, et la gloire reflétée par James brillerait sur John. En bref, ils étaient soucieux de créer une société juridique à long terme du modèle le plus approuvé.

En conséquence, ils réussirent leurs examens respectifs et John prit chambre chez un autre avocat en herbe dans la ville , tandis que James embaucha un cabinet à Pump-court. Mais là l'affaire s'arrêta, car comme Jean n'obtenait aucun travail, il ne pouvait évidemment pas en donner à Jacques. C'est ainsi qu'au cours des trois dernières années, aucun des jumeaux n'avait trouvé la loi aussi profitable qu'ils l'avaient prévu. En vain John s'est assis et a soupiré dans la ville . Les clients étaient rares : à peine de quoi payer son loyer. Et en vain Jacques, habillé avec art, errait comme le Malin, de cour en cour, cherchant ce qu'il pourrait dévorer. Parfois, il avait le plaisir de prendre une note pour un autre avocat appelé, ce qui revient à faire le travail d'un autre pour rien. Une fois aussi, un homme avec lequel il avait une connaissance hochant la tête, se précipita vers lui et, lui mettant un dossier dans les mains, lui demanda de le lui tenir, lui disant que cela serait bientôt terminé et que il n'y avait rien dedans — « rien du tout ». A peine le pauvre James avait-il lu son dossier que l'affaire fut appelée, et il suffit de dire qu'à la conclusion, le juge le regarda avec douceur, par-dessus ses lunettes, et « ne put s'empêcher de s'étonner qu'un savant avocat ait été trouvé ». qui consentirait à faire perdre le temps à la Cour dans une affaire telle que celle qu'il écoutait. De toute évidence, l'ami de James n'y consentirait pas et avait transféré la responsabilité, moins les frais. À une autre occasion, James était au tribunal des successions le jour de la requête, et un avocat - un véritable avocat en personne - s'est approché de lui et lui a demandé de présenter une requête (marquée M.——, 2 gns .) pour obtenir l'autorisation de se passer de un codéfendeur. Il a présenté cette requête, et le codéfendeur a été dispensé de la manière approuvée ; mais quand il se retourna, le notaire avait disparu, et il ne le revit plus ni les deux guinées. Cependant, le mémoire, le seul, lui restait, et après cela il se mit à rôder autour du tribunal du divorce, en partie dans l'espoir de revoir cet avocat, en partie avec la vague idée de dériver vers la pratique dans la division.

Or, Eustace avait souvent, quand il était dans le salon des Shorts de la maison d'hébergement du Strand, entendu l'avocat James s'exprimer doctement sur la question des testaments, et c'est pourquoi il s'est tout naturellement tourné vers lui dans son récent dilemme. . Connaissant l'adresse de ses appartements à Pump-Court, il s'y rendit en toute hâte, et fut finalement admis par un très petit enfant, qui remplissait apparemment le poste de commis responsable de M. James Short et de plusieurs autres savants messieurs, dont les noms figuraient sur la porte.

L'enfant regarda Eustace, lorsqu'il ouvrit la porte, avec un regard si surnaturel et si aigu qu'il en fut presque effrayé. Le début de ce regard d'aigle était plein d'espoir interrogateur et la fin de désespoir résigné. L'enfant avait pensé qu'Eustache pourrait être un client venu emprunter des chemins qu'aucun client n'avait jamais empruntés. D'où l'espoir et le désespoir dans ses yeux. Eustace n'avait rien d'un clerc de notaire. De toute évidence, il n'était pas un client.

M. Short se trouvait dans « cette porte à droite ». Eustace frappa et entra dans une petite chambre nue, de la taille d'un grand placard de femme de chambre, meublée d'une table, de trois chaises (dont une en forme de panier) et d'une bibliothèque, avec deux douzaines de livres de droit et quelques-uns. de vieux volumes de rapports et un large rebord de fenêtre, au centre exact duquel se trouvait le mémoire solitaire et vénéré.

M. James Short était un jeune homme petit et corpulent, aux yeux noirs, au nez crochu et à la tête prématurément chauve. En fait, cette calvitie était le seul signe distinctif entre James et John, et c'était donc une chose dont il fallait être reconnaissant, bien que, bien sûr, inutile pour la connaissance perplexe qui les rencontrait dans la rue alors qu'ils portaient leur chapeau. Au moment de l'entrée d'Eustache, M. Short était occupé à étudier cette publication intensément juridique, le *Sporting Times*, que, cependant, par une pudeur inexpliquée, il avait jeté à la hâte sous la table, remplissant son espace d'un livre de droit arraché au hasard. de l'étagère.

« Très bien, mon vieux », dit Eustace, dont les yeux vifs avaient capté le battement rapide du papier qui disparaissait ; "Ne vous inquiétez pas, ce n'est que moi."

"Ah!" dit M. James Short après lui avoir serré la main, vous voyez, je pensais que cela aurait pu être un client ; un client est toujours possible, aussi improbable soit-il, et il faut être prêt à affronter cette éventualité.

« Tout à fait, mon vieux, » dit Eustace ; mais savez-vous qu'en l'occurrence, je suis un client, et un gros client aussi ; il s'agit de deux millions d'argent, la fortune de mon oncle. Il y avait un autre testament et je veux suivre votre conseil.

M. Short bondit hors de sa chaise en exultation, puis, frappé par une autre pensée, s'y retomba.

"Mon cher Meeson," dit-il, "je suis désolé de ne pas vous entendre."

« Eh », dit Eustache ; "que veux-tu dire?"

"Je veux dire que vous n'êtes pas accompagné d'un avocat, et ce n'est pas l'étiquette de la profession à laquelle j'appartiens de voir un client non accompagné d'un avocat."

"Oh, accrochez-vous à l'étiquette du métier!"

« Mon cher Meeson, si vous veniez me voir en ami, je serais heureux de vous donner toutes les informations juridiques en mon pouvoir, et je me flatte d'avoir quelques connaissances en matière d'homologation. Mais vous avez dit vous-même que vous étiez venu en tant que client, et dans ce cas, la relation personnelle passe au second plan et est remplacée par la relation officielle. Dans ces circonstances, il est évident que l'étiquette de la profession intervient, dont la force écrasante m'oblige à vous faire remarquer combien il serait inconvenant et contraire aux précédents de ma part de vous écouter sans la présence d'un avocat dûment qualifié.

"Oh Seigneur!" haleta Eustace, "Je n'avais aucune idée que tu étais si particulier ; Je pensais que peut-être vous seriez heureux de ce travail.

« Certainement… certainement ! Dans l'état actuel de ma pratique, » alors qu'il jetait un coup d'œil au mémoire solitaire, « je serais le dernier à souhaiter refuser du travail. Laissez-moi vous suggérer d'aller consulter mon frère John, à la Volaille. Je crois que les affaires sont plutôt lentes avec lui en ce moment, aussi je pense qu'il est probable que vous le trouverez désengagé. J'ose même dire que je pourrai aller jusqu'à lui prendre rendez-vous ici, disons dans une heure. Arrêt! Je vais consulter mon greffier! Queue!"

L'enfant est apparu.

« Je crois que je n'ai pas de rendez-vous ce matin ?

«Non, monsieur», dit Dick avec un scintillement dans les yeux. « Un instant, monsieur, je vais consulter le livre », et il disparut pour revenir aussitôt avec l'information que le temps de M. Short n'était pas sous aucune contribution ce jour-là.

« Très bien, » dit M. Short ; « puis, prenez rendez-vous avec M. John Short et M. Meeson, à deux heures précises. »

«Oui, monsieur», dit Dick en partant pour cette tâche inhabituelle.

Dès qu'Eustache fut parti de Tweedledum à Tweedledee, ou, en d'autres termes, de James, avocat, à John, solicitor, Dick fut de nouveau convoqué et dit d'aller chez un certain M. Thomson à l'étage suivant. M. Thomson possédait une excellente bibliothèque, qui lui était venue par testament. Fort de ce legs, il était devenu avocat, et l'objet de la visite de Dick était de demander le prêt du huitième volume des statuts révisés, contenant le Wills Act de 1 Vic., cap. 26, « Brown on Probate », « Dixon on Probate » et « Powles on Brown », à l'étude desquels M. James Short s'est consacré sérieusement en attendant le retour de son client.

Pendant ce temps, Eustace s'était rendu dans un bus à deux penny jusqu'à l'un de ces tribunaux très fréquentés de la ville où M. John Short exerçait la profession d'avocat. Le bureau de M. Short se trouvait, découvrit Eustace en se référant à un panneau d'affichage, au septième étage de l'une des maisons les plus hautes qu'il ait jamais vues. Cependant, il monta le cœur vaillant, et après environ cinq minutes de lutte, qui lui rappela avec force grimper sur les échelles d'une mine de Cornouailles, il arriva à une petite porte tout en haut de la maison sur laquelle était peint "M. John Short, avocat. Eustace frappa et la porte fut ouverte par un petit garçon, tellement semblable au petit garçon qu'il avait vu chez M. James Short au temple qu'il sursauta assez. Le mystère fut ensuite expliqué. Comme leurs maîtres, les deux petits garçons étaient frères.

M. John Short était à l'intérieur et Eustace fut introduit en sa présence. Selon toute apparence, il consultait une volumineuse masse de correspondance écrite sur de grandes feuilles de papier bref ; mais quand il le regarda de près, il parut à Eustace que les bords du papier étaient très jaunes et que l'encre était très passée. Cela n'avait cependant rien d'étonnant, étant donné que M. John Short les avait pris en charge ainsi que les autres équipements du bureau.

CHAPITRE XVI.
COURT SUR L'ÉTIQUETTE JURIDIQUE.

«Eh bien, Meeson, qu'est-ce qu'il y a ? Êtes-vous venu m'inviter à déjeuner ? » a demandé M. John Short. "Sais-tu que je pensais en fait que tu aurais pu être un client."

"Eh bien, par Jupiter, mon vieux, et moi aussi", répondit Eustache. "Je suis allé chez votre frère, et il m'a envoyé vers vous, parce qu'il dit que ce n'est pas l'étiquette de la profession de voir un client sans la présence d'un notaire, c'est pourquoi il m'a recommandé à vous."

« Parfaitement raison, parfaitement raison de la part de mon frère James, Meeson. Compte tenu de l'étroitesse de ses possibilités de se familiariser avec la pratique de sa profession, il est extraordinaire de constater à quel point il en connaît la théorie. Et maintenant, à quoi ça sert ?

"Eh bien, tu sais, Short, comme le sujet est un peu long, et comme ton frère a dit qu'il devait nous attendre à deux heures précises, je pense que nous ferions mieux de prendre le bus pour rentrer au Temple, quand je pourrai. dites-le à vous deux en même temps.

"Très bien. En règle générale, je n'aime pas quitter mon bureau à cette heure de la journée, car cela peut gêner les clients, surtout ceux qui viennent de loin. Mais je ferai une exception pour toi, Meeson. William, poursuivit-il à l'adresse de l'enfant de Pump-Court, si quelqu'un vient me voir, aurez-vous la gentillesse de lui dire que je suis engagé dans une conférence importante dans les appartements de M. Short, à Pump-Court, mais que j'espère être de retour vers trois heures et demie ?

"Oui, monsieur", dit William en fermant la porte derrière eux: "certainement, monsieur." Et puis, après avoir déposé les documents moisis sur l'étagère, d'où on pouvait les récupérer sans difficulté au moindre signe d'un client, cet ingénieux jeune homme, avec une singulière certitude que personne n'en serait incommodé, plaça une pancarte sur la porte du bureau. il reviendrait immédiatement et s'ajournerait pour se livrer au jeu passionnément exaltant du « chuck farthing » avec divers autres petits employés de sa connaissance.

En temps voulu, Eustace et son conseiller juridique arrivèrent à Pump-court, et, oh ! comme le cœur de James, l'avocat, se gonfla de fierté lorsque, pour la première fois de sa carrière, il vit entrer dans son cabinet un vrai solicitor accompagné d'un vrai client. Il l'aurait en effet préféré si l'avocat n'était pas son frère jumeau et si le client n'était pas son ami intime ; mais c'était quand même un spectacle béni – un spectacle très béni !

« Voulez-vous vous asseoir, messieurs ? dit-il avec beaucoup de dignité.

Ils obéirent.

« Et maintenant, Meeson, je suppose que vous avez expliqué à mon frère le sujet sur lequel vous avez besoin de mon avis ?

"Non, je ne l'ai pas fait", a déclaré Eustace; "J'ai pensé que je pourrais aussi bien vous l'expliquer à tous les deux, hein ?"

«Hum», dit James; « Ce n'est pas tout à fait régulier. Selon l'étiquette de la profession à laquelle j'ai l' honneur d'appartenir, il n'est pas d'usage que les choses soient ainsi traitées. Il est habituel que des articles soient présentés ; mais je vais l'oublier, car le point semble pressant.

"C'est vrai", dit Eustace. "Eh bien, je suis venu voir un testament."

« Alors je comprends, » dit James ; "Mais qu'est-ce qui le fera, et où est-il ?"

"Eh bien, c'est un testament en ma faveur et il est tatoué sur le cou d'une dame."

Les jumeaux se levèrent simultanément de leurs chaises et regardèrent Eustace avec une identité de mouvement et d'expression si ridicule qu'il éclata de rire.

"Je présume, Meeson, que ce n'est pas un canular", dit sévèrement James. " Je présume que vous savez trop bien ce qui est dû à un éminent avocat pour tenter de faire d'un de ses corps la victime d'une farce ? "

" Sûrement, Meeson, " ajouta John, " vous avez suffisamment de respect pour la dignité de la loi pour ne pas y altérer de la manière dont mon frère l'a indiqué ? "

« Oh, certainement pas. Je vous assure que tout est carré. C'est un vrai projet de loi, ou plutôt une vraie volonté.»

"Continuez", dit James en reprenant sa place. "Il s'agit évidemment d'un cas de nature inhabituelle."

"Tu es là, mon vieux", dit Eustace. "Et maintenant, écoutez", et il a commencé à dérouler son histoire émouvante avec beaucoup de précision et d'emphase.

Quand il eut fini, John regarda James, plutôt impuissant. L'affaire le dépassait. Mais James était à la hauteur de l'occasion. Il maîtrisait ce premier grand axiome que tout jeune avocat devrait garder à cœur : « Ne paraissez jamais ignorant ».

«Cette affaire», dit-il comme s'il rendait un jugement, «est sans aucun doute d'une nature remarquable, et je ne peux pour le moment mettre la main sur aucune autorité portant sur ce point, si toutefois une telle autorité doit exister. être trouvé. Mais je parle spontanément et je ne dois pas être tenu trop étroitement à la *remarque incidente* d'une opinion *de vive voix*. Il me semble que, malgré ses particularités particulières et les divers « cruciaux » qu'il présente, un examen plus attentif révèlera qu'il relève des lois générales qui régissent le cours juridique de la disposition testamentaire. Si je me souviens bien — je parle spontanément — de l'Acte du 1. Vic., cap. 26, précise qu'un testament doit être écrit et que le tatouage peut être défini à juste titre comme une forme d'écriture grossière. Il est, je l'avoue, d'habitude d'écrire sur du papier ou du parchemin, mais je ne doute pas que la peau de la jeune femme, soigneusement enlevée et séchée, ferait un excellent parchemin. Il s'agit donc actuellement d'un parchemin vert, parfaitement disponible pour l'écriture.

"Continuer. Il apparaît — je considère la déclaration de M. Meeson comme parfaitement exacte — que le testament a été proprement et dûment exécuté par le testateur, ou plutôt par la personne qui a tatoué en sa présence et sous ses ordres : forme de signature qui est très bien couvert par l'article de la Loi du 1. Vic., cap. 26. Il semble également que les témoins ont attesté en présence les uns des autres et du testateur. Il est vrai qu'il n'y avait pas de clause d'attestation : mais la prétendue nécessité d'une clause d'attestation est une de ces erreurs de l'esprit profane qui, peut-être, se concentrent plus fréquemment et avec une plus grande persistance autour des questions liées à la disposition testamentaire que celles de tout autre. branche du droit. Par conséquent, nous devons considérer que le testament a été correctement exécuté conformément à l'esprit du statut.

« Et maintenant nous arrivons à ce qui me semble actuellement être le point crucial. Le testament n'est pas daté. Est-ce que cela l'invalide ? Je réponds avec assurance, non. Et remarquez : des preuves – celles de Lady Holmhurst – peuvent être produites selon lesquelles ce testament n'existait pas sur Miss Augusta Smithers avant le 19 décembre, jour où le Kangourou a coulé ; et des preuves peuvent également être produites – celle de Mme Thomas – selon lesquelles il existait bel et bien le jour de Noël, lorsque Miss Smithers a été sauvée. Il est donc clair qu'elle a dû s'en prendre à elle entre le 19 et le 25 décembre.

"Tout à fait, mon vieux", dit Eustace, très impressionné par cette interprétation des connaissances juridiques. « De toute évidence, vous êtes l'homme qu'il vous faut pour vous attaquer à cette affaire. Mais, dis-je, que faut-il faire ensuite ? Vous voyez, j'ai peur qu'il soit trop tard. L'homologation a été délivrée, quoi que cela puisse signifier.

"L'homologation a été émise!" répéta le grand James, luttant contre son mépris croissant ; « et la loi est-elle si impuissante que l'homologation qui a été autorisée à être délivrée sous une appréciation erronée des faits ne peut être rappelée ? Certainement pas ! Aussitôt que les formalités préliminaires sont accomplies, il faut délivrer une assignation pour révoquer l'homologation et demander que la Cour se prononce en faveur du testament ultérieur ; ou bien, restez, il n'y a pas d'exécuteur testamentaire… il n'y a pas d' exécuteur testamentaire ! — point très important — réclamer l'octroi de lettres d'administration avec le testament annexé : je pense que ce sera la meilleure solution.

« Mais comment pouvez-vous annexer Miss Smithers à une « concession de lettres d'administration », quoi que cela puisse signifier ? » dit Eustache faiblement.

"Cela me rappelle", dit James, ignorant la question et s'adressant à son frère, "vous devez immédiatement inscrire Miss Smithers au registre et veiller à la préparation de l'affidavit habituel des scripts."

"Certainement, certainement", dit John, comme si c'était l' affaire la plus simple du monde.

"Quoi?" haleta Eustace, alors qu'une vision d'Augusta empalée sur un énorme protège-billets se dressait devant ses yeux. « Vous ne pouvez pas déposer une plainte auprès d'une dame ; c'est impossible!"

« Impossible ou non, cela doit être fait avant que de nouvelles mesures ne soient prises. Laissez-moi voir; Je crois que le Dr Probate est le registraire en exercice à Somerset House pour cette séance . Ce serait bien si vous preniez rendez-vous pour demain.

"Oui," dit John.

« Eh bien, poursuivit James, je pense que c'est tout pour le moment. Bien entendu, vous me communiquerez les instructions et autres papiers dans les plus brefs délais. Je suppose que d'autres avocats que moi seront finalement retenus ?

"Oh! cela me rappelle, dit Eustace ; « A propos d'argent, tu sais. Je ne vois pas trop comment je vais payer pour tout ce jeu. J'ai environ cinquante livres de liquidités disponibles dans le monde, et c'est tout : et j'en sais assez pour savoir que cinquante livres ne vont pas loin dans un procès.

James regarda John d'un air vide et John regarda James. C'était très éprouvant.

« Cinquante livres seront très utiles en frais, suggéra enfin James en frottant son crâne chauve avec son mouchoir.

«Peut-être», répondit John d'un ton mesquin; « mais qu'en est-il de la rémunération des conseils juridiques du plaignant ? Ne peux-tu pas, s'adressant à Eustace , réussir à obtenir de l'argent de quelqu'un ?

« Eh bien, dit Eustace, voici Lady Holmhurst . Peut-être si je lui proposais de partager le butin avec elle, s'il y en avait.

« Mon Dieu, non, » dit John ; "ce serait" l'entretien "."

"Certainement pas," intervint James, levant la main avec consternation. « Le plus clairement, ce serait « Champerty » ; et si cela était porté à la connaissance de la Cour, personne ne peut dire ce qui pourrait ne pas arriver.

« En effet, » répondit Eustace avec un soupir, « je ne sais pas très bien ce que vous voulez dire, mais il me semble avoir dit quelque chose de très faux. Les chances d'un handicap sont un jeu d'enfant à comprendre en dehors de cette loi », ajoute-t-il tristement.

« Il est évident, James, » dit John, « que, mis à part d'autres questions, cette affaire s'avérerait, indépendamment de la récompense pécuniaire, une affaire des plus intéressantes à mener.

« C'est vrai, John, » répondit James ; mais, comme vous le savez bien, l'étiquette de ma profession ne me permet pas de plaider pour rien. Sur ce point surtout, l'étiquette nous gouverne avec une verge de fer. L'estomac du barreau, collectif et individuel, est révolté et scandalisé à l'idée qu'un de ses membres fasse n'importe quoi pour rien.

"Oui", répondit Eustace, "j'ai toujours compris que c'étaient des cloueurs réguliers ."

« Tout à fait, mon cher James ; tout à fait, dit John avec un doux sourire. « Des honoraires doivent être marqués sur le mémoire du savant conseil, et ces honoraires lui doivent être payés, ainsi que de nombreux autres honoraires moindres ; car les avocats érudits sont comme les paquets de cigarettes et les balances modernes des gares : il ne travaille que si on lui laisse tomber quelque chose. Mais rien n'empêche les savants avocats de restituer ces honoraires et tous les petits honoraires. En effet, James, vous verrez que cette pratique est courante parmi les plus éminents de votre profession, lorsque, par exemple, ils ont besoin d'une publicité ou souhaitent faire un compliment délicat à un électorat. Que font-ils alors ? Ils attendent de trouver 500 £ marqués sur un dossier, puis renoncent à leurs honoraires. Pourquoi ne feriez-vous pas de même dans ce cas, dans votre propre intérêt ? Bien sûr, si nous gagnons la cause, l'autre partie ou la succession en paiera les frais ; et si nous perdons, vous aurez au moins eu l'avantage, l'avantage inestimable d'une publicité unique.

« Très bien, John ; qu'il en soit ainsi, dit James avec magnanimité. « Vos chèques d'honoraires vous seront dûment restitués ; mais il faut bien comprendre qu'ils doivent être présentés.

"Pas à la banque", dit John précipitamment. "J'ai récemment dû obliger un client", a-t-il ajouté en guise d'explication à Eustace, "et mon solde est plutôt bas."

«Non», dit James; « Je comprends bien. J'allais dire "doivent être présentés à mon greffier".

Et c'est sur cette farce solennelle que la conférence prit fin.

CHAPITRE XVII.
COMMENT AUGUSTA A ÉTÉ DÉPOSÉ.

Le même après-midi, Eustace retourna à la maison de Lady Holmhurst à Hanover-Square, pour dire à sa chère Augusta qu'elle devait être présente le lendemain matin pour être inscrite au registre de Somerset House. Comme on peut l'imaginer, bien que prête à faire tout ce qui était raisonnable pour obliger son nouvel amant, Augusta résista violemment à cette décision, et fut soutenue dans sa résistance par son amie Lady Holmhurst , qui, cependant, quitta la pièce, laissant à eux de régler la question comme ils l'entendaient.

"Je pense que c'est un peu dur," dit Augusta en tapant du pied, "qu'après tout ce que j'ai enduré, je sois emmené pour que mon malheureux dos soit examiné par un docteur. l'un ou l'autre, et ensuite être enfermé avec un tas de vieux testaments moisis dans un registre.

«Eh bien, ma très chère fille, dit Eustache, ou bien il faut le faire, ou bien il faut tout abandonner. M. John Short déclare qu'il est absolument nécessaire que le document soit placé sous la garde de l'officier de justice.

"Mais comment vais-je vivre dans un placard ou dans un coffre-fort en fer avec beaucoup de testaments ?" » demanda Augusta, vraiment très contrariée.

« Je ne sais pas, j'en suis sûr, » dit Eustace ; "M. John Short dit que c'est une question que le savant docteur devra régler. Sa propre opinion est que le savant docteur – confondez- le ! – vous ordonnera de l'accompagner partout où il ira jusqu'à la fin du procès ; car, voyez-vous, de cette façon vous ne échapperez jamais à la garde d'un officier de justice. Mais, continua Eustace sombrement, tout ce que je peux lui dire, s'il donne cet ordre, c'est que s'il vous emmène avec lui, il devra m'emmener aussi.

"Pourquoi?" dit Augusta.

"Pourquoi? Parce que je ne lui fais pas confiance, voilà pourquoi. Vieux? oh oui; J'ose dire qu'il est vieux. Et d'ailleurs, pensez-y : ce savant monsieur a exercé pendant vingt ans au tribunal des divorces ! Maintenant, je vous le demande, que pouvez-vous attendre d'un gentleman, si instruit soit-il, qui a exercé pendant vingt ans au tribunal du divorce ? Je le connais, reprit Eustache d'un ton vindicatif . Je le connais. Il tombera lui-même amoureux de vous. Eh bien, il serait un vieux con s'il ne le faisait pas.

"Vraiment," dit Augusta en éclatant de rire, "tu es trop ridicule, Eustace."

« Je ne sais pas si c'est ridicule, Augusta ; mais si vous croyez que je vais vous laisser promener par ce savant docteur sans que je sois là pour vous soigner, vous vous trompez. Eh bien, bien sûr, il tomberait amoureux de vous, ou certains de ses employés le seraient ; personne ne pourrait rester près de vous pendant quelques jours sans le faire.

« Pensez-vous ? » dit Augusta en le regardant très gentiment.

«Oui, je le sais», répondit-il, et ainsi la conversation prit fin et ne reprit qu'à l'heure du dîner.

Le lendemain matin, à onze heures, Eustace, qui avait réussi à obtenir quelques jours de congé de ses employeurs, arriva avec M. John Short pour emmener Augusta et Lady Holmhurst , qui allait la chaperonner, à Somerset House. où, malgré ses objections de la veille, elle avait enfin consenti à se rendre. M. Short fut présenté et impressionna beaucoup les deux dames par l'air extraordinaire de savoir et de commandement qui était imprimé sur son visage. Il voulait immédiatement inspecter le testament ; mais Augusta frappa là-dessus, disant qu'il suffirait bien d'avoir ses épaules regardées ce jour-là. Avec un soupir et un hochement de tête devant son caractère déraisonnable, M. John Short se soumit, puis la voiture fit demi-tour et ils furent tous conduits à Somerset House. Bientôt ils y furent, et après avoir parcouru d'innombrables passages froids, ils atteignirent une pièce lugubre avec un almanach, une table en sale affaire et quelques chaises, où étaient rassemblés plusieurs clercs de notaires, attendant leur tour de comparaître devant le greffier. Ici, ils attendirent une demi-heure ou plus, au grand inconfort d'Augusta, car elle se rendit vite compte qu'elle était un objet de curiosité et de la plus grande attention des clercs des notaires, qui ne la quittaient jamais des yeux. Bientôt, elle en découvrit la raison : elle avait des oreilles remarquablement rapides, et elle entendit un des clercs du notaire, un petit homme insensible aux cheveux jaunes et portant une énorme épingle en diamant, dont l'apparence lui rappelait en quelque sorte un poulet nouveau-né, dire à un autre, qui était évidemment de foi juive, qu'elle (Augusta) était l'intimée dans la célèbre affaire de divorce Jones *contre* Jones, et qu'elle allait comparaître devant le registraire pour se soumettre à un contre-interrogatoire sur une question liée à l'octroi d'une pension alimentaire. Or, tandis que tout Londres parlait des prétendues iniquités de Mme Jones en question, dont la turpitude morale n'avait d' égale que sa beauté, Augusta ne se sentait pas très contente, même si elle s'apercevait qu'elle devenait instantanément un objet d'admiration sincère pour le public. commis.

Mais bientôt quelqu'un passa la tête par la porte, qu'il ouvrit juste assez grand pour l'admettre, et cria :

« Bref, concernant Meeson », disparut aussi brusquement qu'il était venu.

"Maintenant, Lady Holmhurst , s'il vous plaît", dit M. John Short, "permettez-moi de vous montrer le chemin, si vous voulez bien suivre avec la volonté - par ici, s'il vous plaît."

Une minute plus tard, le malheureux « will » se retrouva dans une grande et haute pièce, au sommet de laquelle, le dos tourné à la lumière, était assis un monsieur d'âge moyen à l'air très agréable, qui, à mesure qu'ils avançaient, se levait avec une politesse qu'on n'attend généralement pas de la part des fonctionnaires à salaire fixe, et, en s'inclinant, il leur demanda de s'asseoir.

« Eh bien, que puis-je faire pour vous ? Monsieur… ah ! Monsieur. » — et il a mis ses lunettes et s'est référé à ses notes — « Monsieur Short, vous souhaitez déposer un testament, je comprends ; et il y a des circonstances particulières dans cette affaire ?

"Oui Monsieur; il y en a, » dit M. John Short avec beaucoup de sens. « Le testament à déposer au Registre est le dernier véritable testament de Jonathan Meeson, de Pompadour Hall, dans le comté de Warwick, et les biens concernés s'élèvent à environ deux millions . Lors de la dernière journée de motion, la mort de Jonathan Meeson, qui était censé avoir coulé dans le Kangourou, a été présumée et l'homologation a été retirée. En fait, cependant, ledit Jonathan Meeson a péri en terre de Kerguelen quelques jours après le naufrage, et avant de mourir, il a dûment exécuté un nouveau testament en faveur de son neveu, Eustace H. Meeson, le monsieur avant vous. Mlle Augusta Smithers »—

"Qu'est-ce que c'est," dit le savant greffier, "c'est cette Miss Smithers dont nous avons tant lu ces derniers temps, l'héroïne de Kerguelen Land ?"

"Oui; Je suis Miss Smithers, dit-elle en rougissant légèrement ; « et voici Lady Holmhurst , dont le mari » – et elle se retint.

«Cela me fait beaucoup de plaisir de faire votre connaissance, Miss Smithers», dit le savant docteur en serrant courtoisement la main et en s'inclinant devant Lady Holmhurst , ce qu'Eustache observait avec l'œil jaunâtre du soupçon. « Il commence déjà », se dit cet ardent amant. «Je savais comment ça se passerait. Confier mon Gus à sa garde ? Jamais ! Je préférerais être condamné pour outrage.

« La meilleure chose que je puisse faire, monsieur, » continua John Short avec impatience, car, à son œil sévère, ces interruptions n'étaient pas convenables, « sera de vous proposer immédiatement d'examiner le document qui, je puis le dire, , est d'un caractère inhabituel », et il regarda Augusta, qui, pauvre fille, avait les yeux rouges .

"Tout à fait, tout à fait", a déclaré le savant greffier. « Eh bien, Miss Smithers a-t-elle obtenu le testament ? Peut-être qu'elle le produira.

"Mlle Smithers *est* le testament", a déclaré M. John Short.

"Oh... j'ai peur de ne pas bien comprendre"...

"Pour être plus précis, Monsieur, le testament est tatoué sur Miss Smithers."

" *Quoi* ?" cria presque le savant docteur, bondissant littéralement de sa chaise.

« Le testament est tatoué sur le dos de miss Smithers, » continua M. John Short d'un ton parfaitement impassible ; "et il est maintenant de mon devoir de vous proposer d'examiner le document et de suivre vos instructions quant à la manière dont vous proposez de le déposer au greffe"...

« Inspection du document – Inspection du document ? » haleta le Docteur étonné ; « Comment dois-je inspecter le document ? »

« Je dois vous laisser cela, Monsieur, » dit M. John Short, en regardant la forme rétrécie du savant greffier avec un mépris non dénué de pitié. "Le testament est au dos de la dame et, au nom du demandeur, j'ai l'intention d'obtenir une subvention avec le document annexé."

Lady Holmhurst se mit à rire ; et quant au savant docteur, rien de plus absurde qu'il n'en avait l'air, retranché comme il l'était derrière sa chaise de bureau, avec une perplexité inscrite sur son visage, cela serait impossible à imaginer.

« Eh bien, dit-il enfin, je suppose que je dois prendre une décision. C'est une question très douloureuse pour une personne de tempérament modeste. Cependant, je ne peux pas reculer devant mon devoir et je dois y faire face. Par conséquent, continua-t-il avec un air de sévérité judiciaire, par conséquent, Miss Smithers, je dois vous déranger pour me montrer ce prétendu testament. Il y a un placard là-bas, » et il désigna le coin de la pièce, « où vous pouvez faire … euh… faire les préparatifs nécessaires.

"Oh, ce n'est pas si grave que ça", dit Augusta avec un soupir, et elle commença à retirer sa veste.

"Cher moi!" dit-il en observant ses mouvements avec inquiétude, je suppose qu'elle est endurcie, continua-t-il pour lui-même, mais j'ose dire qu'on s'habitue à ce genre de choses sur les îles désertes.

Pendant ce temps, la pauvre Augusta avait enlevé sa veste. Elle était vêtue d'une robe de soirée et avait un foulard de soie blanche sur l'épaule : elle l'enleva.

« Oh, » dit-il, « je vois… en tenue de soirée. Eh bien, bien sûr, c'est une tout autre affaire. Et c'est donc la volonté – eh bien, j'ai eu une certaine expérience, mais je n'ai jamais vu ou entendu parler de quelque chose de pareil auparavant. Signé et attesté, mais non daté. Ah ! à moins que, ajouta-t-il, la date ne soit plus basse.

« Non, dit Augusta, il n'y a pas de date ; Je ne supportais plus le tatouage. Tout s'est fait en une seule fois et je me suis évanoui.

« Je ne m'en demande pas, j'en suis sûr. Je pense que c'est la chose la plus courageuse dont j'ai jamais entendu parler », et il s'inclina avec beaucoup de grâce.

" Ah, " murmura Eustache, " il commence à faire des compliments maintenant, vieil hypocrite insidieux ! "

«Eh bien, reprit l'innocent et éminemment respectable objet de ses soupçons, bien sûr, l'absence de date n'invalide pas un testament, c'est une question de preuve, c'est tout. Mais là, je ne suis pas en mesure de donner un avis sur l'affaire ; cela me dépasse tout à fait, et d'ailleurs ce n'est pas mon affaire. Mais maintenant, Miss Smithers, puisque vous vous êtes une fois mise sous la garde du greffe en qualité de testament, puis-je vous demander si vous avez une suggestion à faire quant à la façon dont vous allez être traité. Évidemment, vous ne pouvez pas être enfermé avec les autres testaments, et il est tout aussi évident qu'il est contraire aux règles de permettre qu'un testament échappe à la garde du tribunal, sauf autorisation spéciale du tribunal. Il est également clair que je ne peux imposer aucune restriction à la liberté du sujet et vous ordonner de rester avec moi. En fait, je doute qu'il soit possible de le faire autrement que par une loi du Parlement. Dans ces circonstances, je l'avoue, je suis un peu confus quant à la marche à suivre en ce qui concerne cet important prétendu testament.

"Ce que j'ai à suggérer, Monsieur", a déclaré M. Short, "c'est qu'une copie certifiée conforme du testament soit déposée et qu'un paragraphe spécial soit inséré dans l'affidavit des scripts détaillant les circonstances."

« Ah, dit le savant docteur en polissant ses lunettes, vous m'avez donné une idée. Avec le consentement de Miss Smithers, nous déposerons quelque chose de mieux qu'une copie certifiée conforme du testament : nous déposerons une copie photographique. L'inconvénient pour Miss Smithers sera insignifiant, et cela empêchera peut-être que des questions soient soulevées par la suite.

« Avez-vous des objections à cela, ma chère ? » demanda Lady Holmhurst.

« Oh non, je suppose que non, » dit tristement Augusta ; "J'ai l'impression d'être une propriété publique maintenant."

"Très bien alors; excusez-moi un instant, dit le savant docteur. « Il y a dans les environs un photographe chez qui j'ai eu l'occasion d'employer officiellement. Je vais écrire et voir s'il peut revenir.

Quelques minutes plus tard, le photographe répondit qu'il serait heureux d'attendre le docteur Probate à trois heures, heure jusqu'à laquelle il était occupé.

« Eh bien, » dit le docteur, « il est clair que je ne peux pas laisser Miss Smithers échapper à la garde de la Cour avant que la photographie ne soit prise. Voyons voir, je pense que c'était mon dernier rendez-vous ce matin. Maintenant, que dites-vous de l'idée de quelque chose à manger ? Nous ne sommes pas à cinq minutes en voiture de Simpson's, et je serai ravi si vous faites du plaisir une nécessité.

Lady Holmhurst , qui commençait à avoir très faim, dit qu'elle devrait être très contente, et en conséquence, tous, à l'exception de M. John Short, qui partit pour quelques affaires, disant qu'il reviendrait à trois heures... partit dans la voiture de Lady Holmhurst jusqu'au restaurant, où ce délicieux spécimen du genre Registrar leur offrit un somptueux déjeuner au champagne, et se rendit si agréable que les deux dames faillirent tomber amoureuses de lui, et même Eustace fut contraint d'admettre à lui-même que de bonnes choses peuvent sortir du tribunal du divorce. Enfin, le docteur termina les débats, qui furent des plus animés, et inclua le récit des aventures d'Augusta, avec un toast.

Holmhurst m'a dit , dit-il, que vous deux jeunes gens allez faire le premier pas vers une éventuelle comparution future devant cette cour avec laquelle j'ai eu pendant de nombreuses années l'honneur d'être lié, c'est-à-dire , que tu vas te marier. Or, le mariage est, d'après mon expérience quelque peu étendue, une entreprise d'un ordre aventureux, bien que l'on puisse parfois observer des cas où les résultats se sont révélés satisfaisants à tous points de vue ; et je dois dire que, si je puis me faire une opinion d'après les faits tels qu'ils se présentent, je n'ai jamais connu d'engagement conclu sous des auspices plus prometteurs ou plus romantiques. Ici, le jeune homme se dispute avec son oncle en prenant le parti de la jeune femme et est ainsi déshérité d'une immense richesse. Alors la jeune dame, dans les circonstances les plus terribles, prend des mesures d'une nature qu'aucune femme sur cinq cents n'aurait faite pour lui restituer cette richesse. Je ne sais pas si ces démarches aboutiront ou non, et, si c'était le cas, comme Hérodote, je préférerais ne pas le dire ; mais que la richesse vienne ou disparaisse, il est impossible qu'un sentiment de confiance mutuelle, de respect et d'admiration mutuels - c'est-à-dire s'il s'agit d'une chose plus calme , certainement aussi, une chose plus durable que le simple « amour » - doit et en résultera. M. Meeson, vous êtes en effet un homme chanceux. Dans Miss Smithers, vous allez épouser la beauté, le courage et le génie, et si vous permettez à un homme plus âgé et expérimenté de laisser tomber le fonctionnaire et de vous donner un conseil, ce sera celui-ci : essayez toujours de mériter votre bonne fortune, et rappelez-vous qu'un homme qui, dans sa jeunesse, trouve une telle femme et qui, par les circonstances, peut l'épouser, est en effet...

Souriant par la joie et chéri des dieux.

"Et maintenant, je termine mon sermon et vous souhaite à tous les deux santé, bonheur et jours pleins", et il but sa coupe de champagne et eut l'air si agréable et si bon qu'Augusta eut envie de l'embrasser sur-le-champ, et quant à Eustace, il lui serra chaleureusement la main, et là et là une amitié naquit entre les deux qui perdure jusqu'à aujourd'hui.

Et puis ils sont tous retournés au bureau, et il y avait le photographe qui attendait avec tout son appareil, et il a été assez étonné lorsqu'il a découvert quel était le travail qu'il devait faire. Cependant, la tâche s'est avérée assez facile, car la lumière de la pièce était convenable et les lignes sombres d'encre de seiche sur le cou d'Augusta, selon l'homme, ressortiraient parfaitement sur la photographie. Il lui a donc pris deux ou trois photos dans le dos, puis est parti en disant qu'il apporterait une reproduction grandeur nature qui serait déposée au greffe dans quelques jours.

Après cela, le savant greffier leur serra également la main et leur dit qu'il n'avait plus besoin de les détenir, car il se sentait maintenant justifié de permettre à Augusta de sortir de sa garde.

Et ils partirent donc , heureux d'avoir si agréablement franchi la première étape.

CHAPITRE XVIII.
AUGUSTA VOLE.

Bien sûr, l'histoire d'Augusta, pour autant qu'elle était publiquement connue, avait suscité un grand émoi, ce qui fut considérablement accentué lorsque des photos d'elle parurent dans les journaux illustrés, et qu'on découvrit qu'elle était jeune et charmante. Mais l'excitation, si grande soit-elle, n'était rien comparée à celle qui surgit lorsque les premiers murmures du récit du testament, tatoué sur ses épaules, commencèrent à se répandre. Des paragraphes et des histoires à ce sujet ont paru dans les journaux, mais bien sûr, elle n'y a pas prêté attention.

Mais le quatrième jour, après qu'elle ait été photographiée pour les besoins du greffe, les choses ont atteint leur paroxysme. Il se trouve que ce matin-là, Lady Holmhurst demanda à Augusta de se rendre dans un certain magasin de Regent Street pour acheter de la dentelle dont elle avait besoin pour tailler les robes de sa veuve. En conséquence, vers midi et demi, elle partit, accompagnée de la femme de chambre. Dès qu'ils fermèrent la porte d'entrée de la maison de Hanovre-Square, elle aperçut deux ou trois hommes à l'air dubitatif qui flânaient et qui les suivirent aussitôt en la fixant de tous leurs yeux. Cependant, elle continua son chemin sans y prêter attention jusqu'à ce qu'elle atteigne Regent Street, où à ce moment-là, une vingtaine de personnes marchaient après elle et se chuchotaient avec enthousiasme. Dans Regent Street même, la première chose qu'elle vit fut un homme qui vendait des photographies. De toute évidence, il faisait un commerce bruyant, car il y avait une foule considérable autour de lui, et il criait quelque chose qu'elle ne pouvait pas comprendre. Bientôt, un monsieur, qui avait acheté une des photographies, s'arrêta juste devant elle pour la regarder, et comme il était petit et qu'Augusta était grande, elle pouvait voir par-dessus son épaule, et la seconde suivante repartit avec une exclamation indignée. . "Pas étonnant!" car la photographie était celle d'elle-même, car elle avait été prise en robe basse au Registre. Il n'y avait aucune erreur à ce sujet : l'image du testament était tatouée sur ses épaules.

Et ses ennuis ne s'arrêtèrent pas là, car à ce moment un homme arriva dans la rue en braillant, portant le numéro de la première édition d'un journal du soir :

« Description et photo de la charmante « héroïne du Cacatoès », cria-t-il, « avec le testament tatoué dessus ! Tiré de la photographie originale ! Photo en fac-similé ! »

« Oh, mon Dieu, dit Augusta à la servante, c'est vraiment dommage. Rentrons à la maison.

Mais pendant ce temps, la foule derrière elle s'était rassemblée et avait augmenté dans une mesure extraordinaire et l'entourait lentement en cercle. Le fait est que l'homme qui l'avait suivie depuis la place de Hanovre avait dit aux autres qui avaient rejoint leurs rangs qui était cette dame, et elle était maintenant identifiée.

«C'est elle», a déclaré un homme.

"OMS?" dit un autre.

"Eh bien, Miss Smithers s'est échappée du kangourou et a la volonté sur le dos, bien sûr."

Il y eut un hurlement de joie de la foule, et en une seconde la malheureuse Augusta fut pressée, avec la femme de chambre, qui se mit à crier d'effroi, tout contre un lampadaire, tandis qu'une foule de visages avides, pour la plupart sales, , ont été poussées presque dans la sienne. En effet, la foule était si féroce dans sa tentative d'avoir un aperçu de la dernière curiosité, qu'elle commença à penser qu'elle serait renversée et piétinée , lorsque des secours arrivèrent à temps sous la forme de deux policiers et d'un gentleman volontaire, qui réussit à la secourir et à les faire monter dans un fiacre qui partit pour la place de Hanovre, poursuivi par une foule hurlante d'individus indéfinissables.

Or, Augusta était une femme courageuse et résolue ; mais ce genre de chose était trop pénible et, en conséquence, accompagnée de Lady Holmhurst , elle partit, le jour même, dans quelques chambres d'un petit hôtel au bord de la Tamise.

Quand Eustace, marchant sur le Strand cet après-midi-là, trouva tous les magasins de photographie remplis de photos précises des épaules de sa bien-aimée, il fut tout simplement furieux ; et, se précipitant vers le photographe qui avait pris la photo au Registre, il le menaça de poursuites de toutes sortes. L'homme a admis sans détour qu'il avait mis les photographies sur le marché, affirmant qu'il n'avait jamais stipulé de ne pas le faire et qu'il ne pouvait pas se permettre de jeter cinq ou six cents livres lorsqu'une chance de les réaliser se présentait à lui.

Là-dessus, Eustace partit, jurant toujours de se venger, pour consulter les jumeaux légaux. En conséquence, dans la semaine, M. James Short a déposé une requête et une injonction contre le photographe, interdisant la vente des photographies en question, au motif que cette vente, étant celle de copies d'un document vital pour une cause actuellement pendantes devant la Cour, ces copies ayant été obtenues grâce à l'intervention d'un officier de justice, le Dr Probate, leur vente équivalait à un outrage, dans la mesure où, ne serait-ce que pour d'autres raisons, le photographe qui les avait obtenues devenait techniquement, et à cette fin seulement, un officier de la Cour, et n'avait donc aucun droit de se séparer d'eux, ou de l'un d'entre eux, sans l'autorisation de la Cour. On se souvient que cette requête soulevait des questions très délicates liées aux pouvoirs de la Cour en pareille matière, et aussi accessoirement au droit du droit d'auteur photographique. Elle est également mémorable pour le jugement unanime et lumineux finalement rendu par les Lords Justices of Appeal, par lequel la vente des photographies a été arrêtée et le photographe a été reconnu coupable d'outrage technique. Ce jugement contenait peut-être la définition la plus approfondie et la plus savante de l'outrage constructif qui ait jamais été formulée : mais pour le texte de celui-ci, je dois renvoyer l'étudiant aux rapports de droit, car, comme il a fallu deux heures pour le rendre, je crains qu'il serait, malgré ses nombreuses beautés, considéré comme trop long pour les besoins de cette histoire. Malheureusement, cela n'a pas beaucoup profité à Augusta, victime de la diffusion illégale de photographies de ses épaules, dans la mesure où le jugement n'a été rendu qu'une semaine après le règlement de la grande affaire Meeson *v.* Addison and Another.

Environ une semaine après l'aventure d'Augusta à Regent-street, une requête fut déposée devant la Cour des successions au nom des défendeurs, MM. Addison et Roscoe, qui étaient les exécuteurs testamentaires et les principaux bénéficiaires en vertu de l'ancien testament de novembre 1885, exigeant que la Cour devrait ordonner au demandeur de déposer un affidavit de scripts plus complet et de meilleure qualité, auquel serait joint l'original du testament rédigé par lui, le but étant bien sûr d'obliger une inspection du document. Cette motion, qui a d'abord porté toute l'affaire à la connaissance du public, a été vigoureusement résistée par M. James Short, et a abouti à ce que l'affaire soit renvoyée au savant registraire pour son rapport. Le jour suivant de la requête, ce rapport a été présenté et, comme il en ressortait que la photographie avait eu lieu en sa présence et représentait avec précision les marques de tatouage sur les épaules de la dame, la Cour a refusé de harceler le « testament » en lui ordonnant de se soumettre à toute inspection complémentaire avant le procès. C'est à cette occasion qu'il est apparu que le testament était destiné à marier le demandeur, un fait sur lequel la Cour a métaphoriquement ouvert les yeux. Après cela, les défendeurs ont obtenu l'autorisation de modifier leur réponse à la déclaration du demandeur. Au début, ils avaient seulement plaidé que le testateur n'avait pas dûment exécuté le prétendu testament conformément aux dispositions de 1 Vic., cap. 26, sec. 2, et qu'il n'en connaissait pas et n'en approuvait pas le contenu. Mais maintenant, ils ont ajouté un plaidoyer selon lequel ledit testament présumé avait été obtenu grâce à l'influence indue d'Augusta Smithers, ou, comme l'un des savants avocats des accusés l'a dit beaucoup plus clairement au procès, « que le testament avait lui-même été obtenu ». a obtenu le testament, par une projection indue de sa propre volonté sur l'esprit réticent du testateur.

Et ainsi le temps passa. Aussi souvent qu'il le pouvait, Eustace s'éloignait de Londres et descendait au petit hôtel au bord de la rivière, et était aussi heureux qu'un homme peut l'être lorsqu'un énorme procès pèse sur lui. Le droit est sans aucun doute une institution admirable, grâce à laquelle un grand nombre de personnes gagnent leur vie et dont une partie des bénéfices revient à la communauté dans son ensemble. Mais malheur à ceux qui constituent l'objet de ses opérations. Par exemple, la Cour de Chancellerie est une excellente institution en théorie et s'occupe des affaires des mineurs selon les principes les plus purs. Mais combien de ses pupilles doivent ensuite, et à la suite d'une de ses interférences bien intentionnées, lutter pour le reste de leur vie sous un fardeau de dettes contractées pour payer des coûts écrasants ! Utiliser la Cour de Chancellerie pour s'occuper des quartiers, c'est comme si l'on chargeait un éléphant apprivoisé de ramasser des épingles. Il pourrait sans doute les ramasser, mais cela coûterait quelque chose de le nourrir. C'est une proposition parfaitement défendable que la Cour de Chancellerie produit autant de misère et de pauvreté qu'elle en prévient, et c'est certainement une mesure audacieuse, sauf dans les circonstances les plus exceptionnelles, que de placer sous sa garde quiconque possède de l'argent pouvant être dissipé dans frais de justice. Mais bien sûr, ce sont des remarques révolutionnaires avec lesquelles on ne peut pas s'attendre à ce que tout le monde soit d'accord, et encore moins les avocats de la Cour en matière de transfert de propriété.

Quoi qu'il en soit, son procès imminent s'est certainement révélé être une mouche dans le miel d'Eustache. Jamais un jour ne se passait sans qu'une nouvelle inquiétude surgisse. James et John, les jumeaux légaux, se sont battus comme des héros et ont tenu bon même si leur expérience était si petite – comme le font presque invariablement les hommes de talent lorsqu'ils y sont mis. Mais il était difficile pour Eustace de les approvisionner, même avec suffisamment d'argent pour leurs dépenses personnelles ; et, bien sûr, comme cela était naturel dans une affaire dans laquelle des sommes aussi énormes étaient en jeu et dans laquelle les accusés étaient déjà des hommes extrêmement riches, ils trouvèrent contre eux la fleur de tout le talent et du poids du barreau. Naturellement, Eustace et M. James Short, qui, malgré son faste et la technicité de son discours, étaient à la fois un homme intelligent et sensé, pensèrent qu'il fallait informer davantage d'avocats, d'hommes de poids et d'expérience ; mais il n'y avait absolument aucun argent à cet effet, et personne n'était susceptible d'en avancer sur la sécurité d'un testament tatoué sur le dos d'une jeune femme. C'était gênant, car le succès dans les procédures judiciaires penche très souvent vers la bourse la plus lourde, et les juges, aussi impartiaux soient-ils, n'étant que des hommes après tout, sont plus enclins à écouter un argument qui est porté à leur attention par un procureur général que par un procureur général. un avancé par un junior inconnu.

Cependant, le fait était là et il fallait en tirer le meilleur parti ; et un point en leur faveur était que l'affaire, bien que d'une nature des plus remarquables, était relativement simple et n'impliquait pas une grande masse de preuves documentaires.

CHAPITRE XIX.
MEESON *c.* ADDISON ET UN AUTRE.

Les temps les plus ennuyeux passent enfin si l'on vit pour en voir la fin, et ainsi il arriva qu'un beau matin, vers dix heures moins le quart de l'horloge du Palais de Justice, qui projette sur elle son horrible hideur. l'inoffensive Fleet-street, Augusta, accompagnée d'Eustache, de Lady Holmhurst et de Mme Thomas, l'épouse du capitaine Thomas, qui était venue rendre visite à ses parents dans les comtés de l'Est afin de témoigner, se retrouva debout dans la grande entrée. au nouveau Palais de Justice, avec le sentiment qu'elle donnerait cinq ans de sa vie pour être ailleurs.

« Par ici, ma chère, » dit Eustace ; "M. John Short a dit qu'il nous retrouverait près de la statue dans le hall. En conséquence, ils passèrent sous l'arcade près du stand en chêne où sont exposés les listes de causes. Augusta leur jeta un coup d'œil tandis qu'elle avançait, et la première chose sur laquelle ses yeux tombèrent fut « Tribunal de la Division des successions et du divorce I., à 10 h 30, Meeson *c.* Addison et autre », et cette vue la rendit malade. Un instant plus tard, ils avaient croisé un policier de taille gigantesque, " monstrum horrendum , informe , ingens », qui surveillent et protègent les portes pliantes par lesquelles passent jour après jour tant de connaissances humaines, de misère et d'inquiétudes, et se tenaient dans la salle longue mais étroite et mal proportionnée qui semble avoir été la meilleure chose que le talent architectural du XIXe siècle ait pu produire.

À droite de la porte en entrant se trouve une statue de l'architecte d'un immeuble dont l'Angleterre n'a certainement aucune raison de se sentir fière, et ici, un sac noir plein de papiers à la main, se tenait M. John Short, portant cet air d'excitation sur son visage que l'on voit si souvent dans les tribunaux.

« Voilà, dit-il, je commençais à avoir peur que tu sois en retard. Nous sommes les premiers sur la liste, vous savez ; le juge l'a fixé spécialement pour la convenance du procureur général. Il est de l'autre côté, tu sais, ajouta-t-il avec un soupir. « Je suis sûr que je ne sais pas comment le pauvre James va s'en sortir. Il y a plus de vingt avocats contre lui, car tous les légataires de l'ancien testament sont représentés. En tout cas, il connaît bien ses faits, et il ne me semble pas y avoir beaucoup de droit dans cette affaire.

Pendant ce temps, ils remontaient le long couloir jusqu'à ce qu'ils arrivèrent à un petit escalier minuscule qui venait d'être creusé dans le mur, la nécessité d'un escalier à cette extrémité du couloir, par lequel on puisse atteindre le parquet, étant nécessaire. toute apparence, avait initialement échappé à l'attention de l'architecte. Arrivés en haut de l'escalier, ils tournèrent à gauche, puis encore à gauche. S'ils avaient eu le moindre doute sur la voie à suivre, celui-ci aurait été rapidement tranché par la longue file de perruques qui coulaient en direction du tribunal de divorce n° 1. Les perruques devenaient de plus en plus épaisses ; il était évident que la *cause célèbre* de Meeson *c.* Addison et Another ne manquerait pas d'auditeurs. En effet, Augusta et ses amis se rendirent vite compte de l'intensité de l'intérêt public d'une manière aussi impressionnante que désagréable, car juste après la Cour de l'Amirauté, le passage était entièrement bloqué par une énorme masse d'avocats ; il y en avait peut-être cinq cents ou plus. Ils étaient là, serrés les uns contre les autres, dans leurs rangs en perruques blanches, attendant que la porte du tribunal s'ouvre. À l'heure actuelle, elle était gardée par six ou huit serviteurs qui, à l'aide d'une barrière en bois, tentaient de tenir à distance la foule qui déferlait, tandis que ceux qui se trouvaient derrière criaient : « En avant ! et ceux qui étaient devant criaient « Retour ! »

« Comment diable allons-nous nous en sortir ? » demanda Augusta, et à ce moment-là M. John Short attrapa un serviteur qui se débattait dans les jupes de la foule comme une mouche dans une tasse de thé, et lui posa la même question, expliquant que leur présence était nécessaire au bon déroulement de la réunion. montrer.

« Cela me dérange si je sais, Monsieur ; tu ne peux pas venir par là. Je suppose que je dois vous laisser passer par le passage souterrain depuis l'autre cour. Pourquoi, poursuivit-il en se dirigeant vers la cour de l'Amirauté, pendez-moi, si je ne crois pas que nous serons tous écrasés à mort par ces avocats : il faudrait un régiment de cavalerie pour les retenir. dos. Et ils sont « sales », ils le sont ; et ce n'est pas du travail à faire, et c'est pourquoi ils viennent donner des coups de pied, déchirer et s'inquiéter juste pour voir un peu de peinture sur les épaules d'une jeune femme.

A ce moment-là, ils avaient traversé la cour d'amirauté, qui ne siégeait pas, et avaient été conduits par une sorte de puits qui se terminait dans l'espace occupé par les greffiers du juge et autres officiers de la cour. Une minute plus tard, ils se retrouvaient dans un espace similaire dans l'autre terrain.

Avant de prendre le siège qui lui fut indiqué, ainsi qu'aux autres témoins, dans le puits de la cour, juste au-dessous de ceux réservés aux avocats de la reine, Augusta jeta un coup d'œil autour d'elle. Le corps de la cour était encore tout à fait vide, car la foule bouillonnante à l'extérieur n'avait pas encore fait irruption, malgré leurs cris répétés : « Ouvrez la porte ! pouvait être clairement entendu. Mais la tribune des jurés était pleine, non pas d'un jury, car l'affaire devait être jugée devant la Cour elle-même, mais de divers individus distingués, parmi lesquels plusieurs dames, qui avaient obtenu des ordonnances. La petite galerie au-dessus était également remplie de gens intelligents. Quant aux sièges réservés aux avocats de la cause, ils étaient remplis à craquer de représentants des différents accusés, si remplis, en effet, que le misérable James Short, seul avocat du plaignant, dut s'établir et établir ses papiers dans la cour. centre du troisième banc parfois utilisé par les notaires.

"Cieux!" dit Eustache à Augusta en comptant les têtes ; « Il y a vingt-trois avocats contre nous. Que fera ce malheureux James contre tant de gens ?

"Je ne sais pas, j'en suis sûre", dit Augusta avec un soupir. « Cela ne semble pas tout à fait juste, n'est-ce pas ? Mais alors, voyez-vous, il n'y avait pas d'argent.

C'est à ce moment-là que John Short arriva. Il était allé parler à son frère. Augusta étant une romancière, et donc une étudiante professionnelle de la physionomie humaine, était engagée dans l'étude des types juridiques qui se trouvaient devant elle, qu'elle trouva divisés en deux classes : la classe pointue et au visage vif et la classe solide et à la mâchoire lourde.

« Qui diable sont-ils tous ? » elle a demandé.

« Oh », dit-il, « c'est le procureur général. Il apparaît avec Fiddlestick, QC, Pearl et Bean pour le défendeur Addison. À côté de lui se trouve le solliciteur général qui, avec Playford, QC, Middlestone, Blowhard et Ross, représente l'autre accusé, Roscoe. À côté de lui se trouve Turphy , QC, avec ses lunettes ; il est censé avoir une grande influence sur un jury. Je ne connais pas le nom de son cadet, mais on dirait qu'il va en manger un, n'est-ce pas ? Il est pour l'un des légataires. Cet homme derrière est Stickon ; il est aussi pour l'un des légataires. Je suppose qu'il trouve l'homologation et le divorce un sujet intéressant, car il écrit toujours des livres à ce sujet. À côté de lui se trouve Howles, qui, dit mon frère, est le meilleur acteur comique de la cour. Le petit monsieur au milieu est Telly ; il rapporte pour le *Times* . Vous voyez, comme c'est une affaire importante, il a quelqu'un pour l'aider à la prendre : ce grand homme avec une grosse perruque. D'ailleurs, il écrit des romans, comme vous, mais pas à moitié aussi bons. Le suivant… » Mais à ce moment M. John Short fut interrompu par l'approche d'un homme plutôt bel homme, qui portait une lunette continuellement fixée à son œil droit. Il s'agissait de M. News, de la grande société News and News, qui menait l'affaire au nom des accusés.

"M. Court, je crois ? dit M. News, contemplant la forme juvénile de son adversaire avec pitié, non dénuée de compassion.

"Oui."

« Euh, M. Short, j'ai consulté mes clients et… euh, le procureur et solliciteur général et M. Fiddlestick, et nous sommes tout à fait disposés à admettre qu'il existe des circonstances de doute dans cette affaire qui nous justifieraient en faire une offre de règlement.

"Avant de pouvoir aborder cela, M. News", dit John avec une grande dignité, "je dois demander la présence de mon avocat."

"Oh, certainement", a déclaré M. News, et en conséquence James a été appelé de son perchoir élevé, où il était une fois de plus en train de parcourir ses notes et les têtes de son discours d'ouverture, bien qu'il connaisse déjà son mémoire - qui, pour le faire justice, avait été préparé avec un soin et une élaboration extraordinaires, presque par cœur, et l'instant d'après, pour la première fois de sa vie, il se retrouva en consultation avec un procureur et un solliciteur général.

« Écoutez, Short, » dit le premier de ces grands hommes en s'adressant à James comme s'il le connaissait intimement depuis des années, bien qu'en fait, ce n'est qu'à ce moment-là qu'il eut appris son nom auprès de M. Fiddlestick, qui était lui-même. obligé de s'adresser à Bean avant d'en être sûr — « regarde ici, Short : tu ne penses pas que nous pouvons régler cette affaire ? Vous avez un dossier solide ; mais il y a de vilaines choses contre vous, comme vous le savez sans doute.

"Je ne l'admets pas vraiment", a déclaré James.

"Bien sûr, bien sûr", a déclaré M. Attorney; mais néanmoins, à mon avis, si vous ne voulez pas être offensé par mes paroles, vous n'êtes pas tout à fait sur un terrain solide. Supposons, par exemple, que votre jeune dame ne soit pas autorisée à témoigner ?

«Je pense», dit derrière lui un gros gentleman qui arborait sur son visage le sourire le plus doux et le plus infantile qu'Eustache ait jamais vu, intervenant assez précipitamment, comme s'il craignait que son savant chef ne montre trop sa main, « Je pense que cette affaire, considérée sous l'un ou l'autre point de vue, supportera mieux un règlement que des combats… hein, Fiddlestick ? Mais ensuite, je suis un homme de paix, » et encore une fois il sourit de manière très séduisante à James.

"Quelles sont vos conditions?" demanda James.

Les avocats éminents du premier banc se sont retournés et ont collé leurs perruques ensemble comme des corbeaux à tête blanche sur un os, et les juniors un peu moins éminents mais néanmoins très distingués du deuxième banc se sont tendus pour écouter.

«Ils vont régler le problème», entendit Eustace dire à son ancien assistant l'avocat qui travaillait pour le *Times* .

« Ils règlent toujours toutes les affaires d'intérêt public », grogna le long homme en réponse ; « Nous ne verrons plus les épaules de Miss Smithers maintenant. Eh bien, je vais lui faire une présentation et lui demander de me les montrer. Je m'intéresse beaucoup au tatouage.

Pendant ce temps, Fiddlestick, QC, avait écrit quelque chose sur une bande de papier et l'avait remis à son chef, le procureur général (qui, M. James Short le vit avec une admiration respectueuse, avait marqué 500 guinées sur son mémoire). Il hocha négligemment la tête et le passa à son cadet, qui le remit à son tour au Solliciteur général et à Playford, QC. Après avoir fait le tour, M. News le prit et le montra à ses deux clients privilégiés, MM. Addison. et Roscoe. Addison était un homme colérique et au visage gras. Roscoe était jaunâtre et avait une fine barbe noire éparse. Quand ils le regardèrent, Addison gémit violemment comme un taureau blessé, et Roscoe soupira, et ce soupir et ce gémissement en disaient à Augusta – qui, comme une femme, avait tout son esprit et observait chaque acte du drame – plus qu'elle ne l'était. destinée à faire. Il lui disait que ces messieurs faisaient quelque chose qu'ils n'aimaient pas, et qu'ils le faisaient parce qu'ils croyaient manifestement qu'ils n'avaient pas d'autre voie à leur disposition. Ensuite, M. News a donné le journal à M. John Short, qui y a jeté un coup d'œil et l'a remis à son frère, et Eustace l'a lu par-dessus son épaule. Il était très court et se lisait ainsi : « Conditions proposées : la moitié des biens, et les défendeurs paient tous les frais. »

"Eh bien, Short," dit Eustace, "qu'en dis-tu, allons-nous le prendre?"

James ôta sa perruque et frotta pensivement sa tête chauve. "C'est une situation très difficile à vivre", a-t-il déclaré. « Bien sûr, un million est une grosse somme d'argent ; mais il y en a deux en jeu. Mon propre point de vue est que nous ferions mieux de mener une bataille ; bien sûr, c'est une certitude, et le résultat de l'affaire ne l'est pas.

« Je suis enclin à m'installer, » dit Eustace ; non pas à cause de l'affaire, car j'y crois, mais à cause d'Augusta… de miss Smithers : vous voyez, elle devra montrer à nouveau son tatouage, et ce genre de chose est très désagréable pour une dame.

« Oh, à ce sujet, » dit James avec hauteur, « à l'heure actuelle, elle doit se rappeler qu'elle n'est pas une dame, mais un document légal. Cependant, demandons-lui.

"Maintenant, Augusta, qu'allons-nous faire?" » dit Eustace, après avoir expliqué l'offre ; « Vous voyez, si nous acceptons cette offre , vous éviterez des moments très désagréables. Vous devez vous décider rapidement, car le juge sera là dans une minute.

« Oh, peu importe, » dit rapidement Augusta ; «Je suis habitué aux désagréables . Non, je me battrai, je te dis qu'ils ont peur de toi. Je peux le voir face à cet horrible M. Addison. Tout à l'heure, il m'a lancé un regard noir et a grincé des dents, et il ne ferait pas cela s'il pensait qu'il allait gagner. Non, chérie; Je vais me battre maintenant.

« Très bien », dit Eustache, et il prit un crayon et écrivit « Refusée avec remerciements » au bas de l'offre.

Juste à ce moment, un rugissement sourd retentit du passage au-delà. Les portes du tribunal s'ouvraient. Encore une seconde, et une marée hideuse d'avocats se précipita et se débattit. Mon Dieu, comme ils se sont battus et ont donné des coups de pied ! Un troupeau de buffles affolé n'aurait pas pu se comporter de manière plus désespérée. Surgissait la vague blanche des perruques, emportant les hommes forts qui tenaient la porte devant eux comme les débris d'un disjoncteur. Ils arrivèrent et en quarante secondes, la cour était bondée au maximum de sa capacité, et il y avait toujours des centaines d'hommes blancs à perruques derrière. C'était une scène effrayante.

"Bonne grace!" pensa Augusta, "comment diable font-ils tous pour gagner leur vie ?" une question à laquelle beaucoup d'entre eux auraient eu du mal à répondre.

Puis tout à coup, près d'elle, un vieux monsieur, qu'elle découvrit être l'huissier, se leva d'un bond et cria : « Silence ! avec des accents imposants, sans produire cependant beaucoup d'effet sur la masse palpitante de l'humanité qui se trouve devant. Puis arrivèrent les officiers de la Cour ; et un instant après, tout le monde se leva à l'entrée du juge, et, semblant, comme le pensait Augusta, très contrarié en voyant l'état de monde de la cour, s'inclina devant la barre et prit place.

CHAPITRE XX.
JAMES s'effondre.

Le registraire, non pas le cher docteur Probate d'Augusta, mais un autre registraire, se leva et appela le cas Meeson *contre* Addison et autre, et en un instant le misérable James Short se leva pour ouvrir le dossier.

"Comment s'appelle ce monsieur?" Augusta entendit le juge demander au greffier, après avoir fait deux ou trois efforts frénétiques pour attirer son attention, procédé que la position de son bureau rendait très difficile.

"Bref, mon Seigneur."

« Présentez-vous seul pour le plaignant, M. Short ? » demanda le juge avec emphase.

"Oui, mon Seigneur, je le fais", répondit James, et tandis qu'il disait cela, toutes les paires d'yeux de cette assemblée bondée se fixèrent sur lui, et une sorte de sourire audible semblait courir autour de la cour. Il n'est pas surprenant que la chose paraisse ridicule et sans précédent à l'esprit professionnel.

"Et qui représente l'accusé?"

« Je comprends, Monseigneur, dit le savant procureur général, que tous mes éminents amis présents sur ces deux bancs comparaissent ensemble, avec moi, pour l'un ou l'autre des accusés, ou suivent l'affaire dans l'intérêt des légataires. »

Ici, un rire décidé l'interrompit.

"Je peux ajouter que les intérêts impliqués dans cette affaire sont en effet très importants, ce qui explique le nombre d' avocats liés d'une manière ou d'une autre à la défense ."

« Tout à fait, monsieur le procureur », dit le juge : « mais, en réalité, les forces semblent un peu disproportionnées. Bien entendu, la Cour ne peut pas intervenir dans cette affaire.

« Si Votre Seigneurie me le permet », a déclaré James, « la seule raison pour laquelle le plaignant est si mal représenté est que les fonds nécessaires pour informer les autres avocats n'étaient, je crois, pas disponibles. Cependant, je connais bien le dossier et, avec la permission de Votre Seigneurie, je ferai de mon mieux.

« Très bien, monsieur Short, dit le savant juge en le regardant presque avec pitié, exposez votre cause. »

James, au milieu d'un silence qu'on pouvait sentir, déplia ses plaidoiries et, ce faisant, pour la première fois, un sentiment de nervosité nauséabonde s'empara de lui et le fit trembler, et, tout d'un coup, son esprit est devenu sombre. La plupart d'entre nous ont éprouvé cette sensation à un moment ou à un autre, avec moins de causes que le pauvre James. Il était là, chargé presque pour la première fois de sa vie de diriger seul une affaire des plus importantes, sur laquelle il n'était guère exagéré de dire que l'intérêt du pays tout entier était concentré. Et ce n'était pas tout. En face de lui se trouvaient une vingtaine d' avocats , tous hommes d'expérience, et comprenant dans leurs rangs certains des dirigeants les plus célèbres d'Angleterre : et, qui plus est, la cour était densément peuplée de dizaines d'hommes de sa propre profession, chacun dont l'un, sentait-il, le regardait avec une curiosité non dénuée de pitié. Ensuite, il y avait l'énorme responsabilité qui semblait littéralement l'écraser, même s'il ne s'en était jamais vraiment rendu compte auparavant.

« Que cela plaise à Votre Seigneurie, » commença-t-il ; et puis, comme je l'ai dit, son esprit devint un vide épouvantable, dans lequel des idées vagues et informes flottaient vaguement d'avant en arrière .

Il y eut une pause, une pause douloureuse.

« Lisez vos plaidoiries à haute voix », murmura un avocat assis à côté de lui, et il réalisa son sort.

C'était une idée. On peut lire des plaidoiries quand on ne peut pas rassembler ses idées pour parler. Ce n'est pas habituel de le faire. L'avocat dans une cause expose le fond des plaidoiries, laissant à la Cour le soin de s'y référer si elle le juge nécessaire. Mais il n'y avait absolument rien de mal à cela ; alors il saisit les papiers et commença aussitôt :

«(I.) Le demandeur est le légataire unique et universel selon le véritable dernier testament de Jonathan Meeson, décédé, feu de Pompadour Hall, dans le comté de Warwick, décédé le 23 décembre 1885, ledit testament n'étant pas daté. , mais dûment exécuté le 22 décembre 1885 ou après cette date.

Ici, le savant juge haussa les sourcils en signe de remontrance et s'éclaircit la gorge en prévision d'intervenir ; mais apparemment il se ravisa, car il prit un crayon bleu et nota la date du testament.

"(II.)", poursuivit James. « Le 21 mai 1886, l'homologation d'un prétendu testament dudit Jonathan Meeson a été accordée aux défendeurs, ledit testament portant la date du 10 novembre 1885. Le demandeur prétend :

«(1.) Que le tribunal révoquera l'homologation dudit prétendu testament dudit Jonathan Meeson, portant la date du 10 novembre 1885, accordée aux défendeurs le 21 mai 1886.

«(2.) Un octroi de lettres d'administration au demandeur avec le testament exécuté le 22 décembre 1885 ou après cette date, en annexe. (Signé) JAMES SHORT.

« Que cela plaise à Votre Seigneurie », commença James, sentant à nouveau vaguement qu'il avait lu suffisamment de plaidoiries, « les accusés ont déposé une réponse plaidant que le testament du 22 décembre n'a pas été dûment exécuté conformément au statut et que le testament du 22 décembre n'a pas été dûment exécuté conformément au statut. Le testateur n'en connaissait pas et n'approuvait pas son contenu, et une réponse modifiée plaidant que ledit prétendu testament, s'il était exécuté, avait été obtenu grâce à l'influence indue d'Augusta Smithers »- et une fois de plus, sa nervosité l'emporta et il s'arrêta avec un sursaut.

Puis vint une autre pause encore plus épouvantable que la première.

Le juge prit une autre note, aussi lentement qu'il le pouvait, et s'éclaircit une fois de plus la gorge ; mais le pauvre James ne pouvait pas continuer. Il ne pouvait que souhaiter pouvoir expirer à ce moment-là, plutôt que d'affronter l'humiliation hideuse d'un tel échec. Mais il aurait échoué, car son cerveau tournoyait comme celui d'un homme ivre, n'eût été un événement qui l'avait amené à bénir pour toujours le nom de Fiddlestick, QC, car le nom d'un avocat éminent ne l'est pas. souvent béni dans ce monde ingrat. Car Fiddlestick, QC, qui, on s'en souvient, était l'un des chefs des accusés, avait observé son malheureux antagoniste jusqu'à ce que, réalisant à quel point son sort était désolé, un sentiment de pitié envahit son savant cœur. Peut-être s'est-il souvenu d'une occasion, dans un coin obscur et lointain du passé, où il avait souffert d'un accès similaire de terreur frénétique, ou peut-être a-t-il été désolé de penser qu'un jeune homme devait perdre une occasion aussi inégalée de se faire un nom. Quoi qu'il en soit, il a accompli un acte noble. En fait, il était assis dans le coin droit des sièges des avocats de la Reine, et sur le bureau devant lui se trouvait une énorme masse de rapports juridiques que son greffier avait disposés là, contenant des cas auxquels il pourrait devenir nécessaire de se référer. . Or, en présence de ces rapports juridiques, M. Fiddlestick, dans la bonté de son cœur, a vu une opportunité de créer une diversion, et il l'a créée avec vengeance. Car, jetant tout à coup son poids en avant, comme par accident ou dans un mouvement d'impatience, il appuya son bras plié contre la pile avec une telle force, qu'il envoya tous les livres, et il devait y en avoir plus de vingt, à travers le monde. bureau, directement sur la tête et les épaules de son client colérique, M. Addison, qui était assis juste en dessous, sur le banc des notaires.

Les livres tombèrent avec fracas et fracas, et, emportés par leur poids, M. Addison tomba sur le nez parmi eux - une éventualité que Fiddlestick, QC, d'ailleurs, n'avait pas prévu, car il avait négligé le fait de la proximité de son client.

Le juge fit une grimace affreuse, puis, réalisant le caractère ridicule de la scène, ses traits se détendirent en un sourire. Mais M. Addison n'a pas souri. Il bondit du sol, les livres glissèrent de son dos dans toutes les directions, et, se tenant le nez (qui était blessé) d'une main, sauta droit sur son savant conseiller.

"Tu l'as fait exprès!" » cria-t-il presque, oubliant complètement où il était ; « Laissez-moi l'atteindre, je vais lui enlever sa perruque ! » et puis, sans attendre davantage, toute l'assistance éclata d'un rire éclatant, pourtant inconvenant, mais parfaitement raisonnable ; au cours de laquelle on pouvait voir M. Fiddlestick s'excuser dans un spectacle stupide, avec un sourire fade sur son visage, tandis que M. News et M. Roscoe, à eux deux, traînaient Addison indigné jusqu'à son siège et lui tendaient des mouchoirs pour essuyer son nez qui saignait.

James a tout vu, et oubliant sa position, il a ri aussi ; et, pour une raison mystérieuse, avec le rire, sa nervosité disparut.

L'huissier a crié « Silence ! » avec une énergie formidable, et avant que le son ne s'éteigne, James s'adressait à la Cour d'une voix claire et vigoureuse, conscient qu'il maîtrisait parfaitement son cas et que les mots pour l'exposer ne lui manqueraient pas. Fiddlestick, QC, l'avait sauvé !

« Puisse-t-il plaire à Votre Seigneurie, commença-t-il, les détails de cette affaire sont d'un ordre aussi remarquable que tous ceux qui, à ma connaissance, ont été portés devant la Cour. Le plaignant, Eustace Meeson, est l'unique plus proche parent de Jonathan Meeson, Esquire, le défunt directeur de la célèbre maison d'édition Meeson, Addison et Roscoe de Birmingham. Par testament, en date du 8 mai 1880, le demandeur restait seul héritier de la grande richesse de son oncle, c'est-à-dire à l'exception de quelques legs. Aux termes d'un second testament, maintenant invoqué par les défendeurs, et daté du 10 novembre 1885, le demandeur fut entièrement déshérité, et les présents défendeurs, ainsi que six ou huit légataires, furent constitués comme seuls bénéficiaires. Cependant, vers le 22 décembre 1885, le testateur a signé un troisième document testamentaire en vertu duquel le demandeur prend possession de la totalité des biens, et c'est le document actuellement proposé. Ce document testamentaire, ou plutôt ce testament — car je soutiens qu'il s'agit dans tous les sens d'un testament dûment exécuté — est tatoué sur les épaules . Augusta Smithers, qui sera présentement appelée devant Votre Seigneurie ; et pour éviter tout malentendu, autant dire tout de suite que depuis cet événement cette dame s'est fiancée au demandeur (Sensation renouvelée.)

« Tels, Monseigneur, sont les grandes lignes de l'affaire que je dois présenter à l'examen de la Cour, et dont je pense que Votre Seigneurie comprendra qu'elle est d'une nature si remarquable et sans précédent que je dois implorer l'indulgence de Votre Seigneurie si je continue. de l'ouvrir assez longuement, en commençant l'histoire à son commencement.

À ce moment-là, James Short avait complètement retrouvé son sang-froid et était, en fait, presque inconscient du fait qu'il n'y avait personne dans la salle, à l'exception du savant juge et de lui-même. Revenant au début, il détaille les débuts de la relation entre Eustace Meeson et son oncle, l'éditeur, avec laquelle ce disque n'a rien à voir. Il passa ensuite à l'histoire des relations d'Augusta avec la société Meeson and Co., qui, comme presque tout le monde à la cour, sans exception le juge, avait lu « Le Vœu de Jemima », était très intéressante pour ses auditeurs. Il passe ensuite à la scène entre Augusta et l'éditeur et détaille comment Eustace est intervenu, interférence qui a conduit à une violente querelle, aboutissant au déshéritage du jeune homme. Poursuivant, il détailla comment l'éditeur et le publié avaient pris la route sur le même navire, et les événements tragiques qui suivirent jusqu'au sauvetage final d'Augusta et à son arrivée en Angleterre, et termina finalement son introduction pleine d'entrain en appelant la Cour à ne pas autoriser son Il se laissait influencer par le fait que, depuis ces événements, les deux acteurs principaux s'étaient fiancés, ce qui lui paraissait, dit-il, comme un point culminant très approprié à une histoire aussi romantique.

Il finit par s'arrêter et, au milieu d'un petit fracas d'applaudissements, car le discours avait vraiment été très beau, il s'assit. Ce faisant, il jeta un coup d'œil à l'horloge. Il était debout depuis près de deux heures, et pourtant cela ne lui semblait que très peu de temps. Un instant plus tard, il se relevait et avait appelé son premier témoin : Eustace Meeson.

Le témoignage d'Eustache était d'ordre plutôt formel et se limitait nécessairement à un récit des relations entre son oncle et lui-même, et entre lui et Augusta. Tel qu'il était, il le rendit cependant très bien, et avec une franchise complète qui parut produire une impression favorable sur la cour.

Puis Fiddlestick, cr, s'est levé pour contre-interroger, consacrant ses efforts à tenter de faire admettre à Eustace que son comportement avait été de nature à justifier amplement le comportement de son oncle . Mais il n'y avait pas grand-chose à en tirer. Eustace a détaillé tout ce qui s'était passé assez librement, et cela se résumait simplement au fait qu'il y avait eu des paroles de colère entre les deux concernant le traitement qu'Augusta avait subi de la part de l'entreprise. En bref, Fiddlestick ne pouvait rien faire avec lui et, après dix minutes, s'assit sans avoir fait avancer l'affaire de manière appréciable.

Ensuite, plusieurs des autres avocats posèrent chacun une ou deux questions, après quoi Eustace reçut l'ordre de se retirer et Lady Holmhurst fut appelée. Le témoignage de Lady Holmhurst était très bref, se résumant simplement au fait qu'elle avait vu les épaules d'Augusta à bord du Kangourou, et qu'il n'y avait alors aucun signe de marques de tatouage sur elles, et lorsqu'elle les revit à Londres, elles étaient tatouées. Aucune tentative n'a été faite pour la contre-interroger et, à la fin de son témoignage, la Cour a ajourné pour le déjeuner. Lorsqu'il se rassembla, James Short appela Augusta, et un murmure d'attente s'éleva de l'assistance bondée, alors que, se sentant très malade au cœur et paraissant plus belle que jamais, elle s'avança vers la loge.

Ce faisant, le procureur général se leva.

« Je dois m'opposer, Monseigneur, dit-il, au nom des accusés, à ce que ce témoin soit autorisé à entrer dans le box.

« Pour quels motifs, monsieur le procureur ? dit Sa Seigneurie.

« Au motif que sa bouche est, *ipso facto*, fermée. Si l'on en croit le récit de la plaignante, cette jeune femme est elle-même la volonté de Jonathan Meeson et, étant ainsi, elle n'est certainement, à mon avis, pas compétente pour témoigner. Il n'y a aucun précédent pour un document de déposition, et je présume que le témoin doit être considéré comme un document.

"Mais, Monsieur le Procureur", a déclaré le juge, "un document est une preuve, et une preuve de la meilleure sorte."

« Sans aucun doute, mon Seigneur ; et nous n'avons aucune objection à ce que le document soit exposé pour que le tribunal puisse en tirer sa propre conclusion, mais nous nions qu'il ait le droit de s'exprimer dans sa propre explication. Un document est une chose qui parle par ses caractères écrits. Il ne peut pas prendre une langue et parler également de bouche à oreille ; et, à l'appui de cela, je puis attirer l'attention de Votre Seigneurie sur les principes généraux du droit régissant l'interprétation des documents écrits.

"Je suis tout à fait conscient de ces principes, Monsieur le Procureur, et je ne vois pas qu'ils touchent à cette question."

« Comme Votre Seigneurie le souhaite. Ensuite, je reviendrai sur mon argument principal, à savoir que Mlle Smithers est, aux fins de cette affaire, un document et rien qu'un document, et qu'elle n'a pas plus le droit d'ouvrir la bouche pour soutenir la thèse du plaignant, que n'importe quel document. le fera, s'il pouvait être miraculeusement doté de la parole.

«Eh bien», dit le juge, «cela me semble certainement un point nouveau. Qu'avez-vous à en dire, monsieur Short ?

Tous les regards étaient désormais tournés vers James, car on sentait que si l'affaire était tranchée contre lui, l'affaire était perdue.

« Le point auquel je désire que vous abordiez, monsieur Short, poursuivit le savant juge, est le suivant : la personnalité de Miss Smithers est-elle si totalement perdue et fondue dans ce que, faute d'un meilleur terme, je dois l'appeler ? capacité documentaire, au point de lui retirer le droit de comparaître devant cette Cour comme tout autre être humain sain d'esprit, et de témoigner des événements liés à son exécution ?

« S'il plaît à Votre Seigneurie, » dit James, « je maintiens que ce n'est pas le cas. Je maintiens que le document reste le document ; et qu'à toutes fins utiles, y compris pour témoigner concernant son exécution, Miss Smithers reste toujours Miss Smithers. Il serait sûrement absurde de prétendre que parce qu'une personne a fait exécuter un acte sur elle , elle était, *ipso facto* , incapable de témoigner à ce sujet, pour le simple motif qu'elle l' *était* . De plus, une telle décision serait contraire à l'équité et à la bonne politique, car des personnes ne pourraient pas être si légèrement privées de leurs droits naturels. Aussi, dans ce cas, l'action du demandeur prendrait fin absolument par une telle décision, puisque la signature de Jonathan Meeson et des témoins attestant du testament ne pourrait bien entendu être reconnue sous leur forme tatouée, et là Il n'y a aucune autre personne vivante qui puisse déclarer dans quelles circonstances la signature est arrivée là. Je soumets que l'objection doit être rejetée.

« Ceci, » dit Sa Seigneurie en rendant sa décision, « est un point très curieux, et qui, lorsque soulevé pour la première fois par le savant procureur général, m'a frappé avec une certaine force ; mais, après y avoir réfléchi et entendu M. Short, je suis convaincu que c'est une objection qui ne peut être soutenue » (ici Eustache poussa un soupir de soulagement). « L'accusé fait valoir que Mlle Smithers est, aux fins de cette affaire, un document, un document, et rien qu'un document, et qu'en tant que telle, elle est fermée. Maintenant, je pense que le savant procureur général ne peut pas avoir réfléchi à cette question lorsqu'il est arrivé à cette conclusion. Quelles sont les circonstances ? Un testament aurait été tatoué sur la peau de cette dame ; mais la peau est-elle la personne entière ? L'intelligence ne demeure-t-elle pas, et l'individualité ? Je pense que je peux exprimer plus clairement ce que je veux dire au moyen d'une illustration. Supposons que je fasse droit à l'objection du défendeur et qu'en conséquence, la cause du demandeur échoue . Supposons alors que la plaignante ait persuadé le témoin d'être partiellement écorché » — (ici Augusta faillit sauter de son siège) — « et que, ayant survécu à l'opération, elle fut de nouveau présentée au tribunal comme témoin, le tribunal alors pouvoir, dans toutes les possibilités, refuser d'accepter son témoignage ? Le document, sous forme de parchemin humain, serait alors entre les mains des officiers de justice, et la personne à qui le parchemin avait été retiré se trouverait également devant la Cour. Peut-on encore soutenir que les deux sont à ce point identiques et indissociables que les handicaps attachés à un document doivent nécessairement s'attacher à la personne ? À mon avis, certainement pas. Ou, pour prendre un autre cas, supposons que le testament ait été tatoué sur la jambe d'une personne et que, dans des circonstances similaires, la jambe ait été coupée et présentée devant la Cour, soit dans sa chair, soit à l'état momifié ; Peut-on alors sérieusement avancer que, parce que la jambe inscrite – posée sur la table devant la Cour – avait autrefois appartenu au témoin assis dans la barre des témoins, il n'était donc pas compétent pour que le témoin témoigne en raison de son attributs documentaires ? Ce n'est certainement pas possible. Il me semble donc que ce qui est séparable doit, aux fins du droit, être considéré comme déjà séparé, et que le testament au dos de ce témoin doit être considéré comme s'il était entre les mains à ce moment-là, des officiers de la Cour, et par conséquent je rejette l'objection.

« Votre Seigneurie prendra-t-elle note de sa décision ? » a demandé le procureur général en vue d'un appel.

« Certainement, monsieur l'avocat. Que ce témoin prête serment.

CHAPITRE XXI.
Accordez comme prié.

En conséquence, Augusta prêta serment, et Eustace remarqua que lorsqu'elle ôta son voile pour embrasser le Livre, la vue de son doux visage produisit un effet non négligeable sur la cour bondée.

Alors James commença son interrogatoire principal et, suivant les lignes qu'il avait tracées dans son discours d'ouverture, la conduisit lentement, tout en lui permettant de raconter autant que possible sa propre histoire, jusqu'au moment du tatouage du testament sur Terre des Kerguelen. Depuis le début, l'histoire avait manifestement intéressé intensément tout le monde dans la cour – à l'exception du juge – ; mais maintenant l'excitation atteignit son point d'ébullition.

"Eh bien," dit James, "dites à Sa Seigneurie exactement comment il est arrivé que le testament de M. Meeson ait été tatoué sur vos épaules."

Dans un langage calme mais dramatique, Augusta raconta donc chaque détail, depuis le moment où Meeson lui confia ses remords d'avoir déshérité son neveu jusqu'à l'exécution du testament sur sa suggestion par le marin sur ses propres épaules.

« Et maintenant, miss Smithers, » dit James après avoir fini, « je suis vraiment désolé de devoir le faire ; mais je dois vous demander de présenter le document à la Cour.

La pauvre Augusta rougit et ses yeux se remplirent de larmes tandis qu'elle défaisait lentement le manteau anti-poussière qui cachait ses épaules (car, bien sûr, elle était venue en robe basse). Le juge, levant brusquement les yeux, remarqua sa détresse naturelle.

« Si vous le préférez, Miss Smithers, » dit courtoisement Sa Seigneurie, « j'ordonnerai que le tribunal soit débarrassé de tout le monde, à l'exception de ceux qui sont réellement engagés dans l'affaire. »

À ces paroles inquiétantes, un frisson de dégoût parcourut les rangs serrés. En effet, ils sentaient, après tous leurs efforts, qu'il serait difficile de les priver de la vue de la volonté ; et ils la regardèrent avec désespoir, pour voir ce qu'elle répondrait.

« Je remercie Votre Seigneurie, » dit-elle avec un petit salut ; « mais il en resterait encore tellement que je ne pense pas que cela aurait une grande importance. J'espère que tout le monde comprendra ma position et m'accordera sa considération.

"Très bien", dit le juge, et sans plus tarder, elle ôta le manteau et le mouchoir de soie en dessous, et se tenait devant le tribunal vêtue d'une robe noire décolletée.

« Je crains de devoir vous demander de venir ici », dit Sa Seigneurie. Elle fit donc le tour, monta sur le banc, puis tourna le dos au juge, afin qu'il examinât ce qui y était écrit. Il le fit avec beaucoup de soin, à l'aide d'une loupe, en se référant de temps en temps à la copie photographique que le docteur Probate avait déposée au greffe.

« Merci, dit-il aussitôt, cela suffira. Je crains que les éminents conseils ci-dessous souhaitent avoir la possibilité d'inspecter.

Augusta dut donc descendre et marcher lentement le long des rangs, s'arrêtant devant chaque chef érudit pour être soigneusement examinée, tandis que des centaines d'yeux avides à l'arrière-plan étaient fixés sur son malheureux cou. Cependant, cela a finalement pris fin.

« Cela suffira, miss Smithers », dit le juge, pour la considération duquel elle était profondément reconnaissante ; "Tu peux remettre ton manteau maintenant." En conséquence, elle le fit et rentra dans la loge.

« Le document que vous venez de montrer à la Cour, Miss Smithers, » dit James, « est celui qui a été exécuté contre vous dans la terre de Kerguelen le ou vers le 22 décembre de l'année dernière ?

"C'est."

« Il a été, si je comprends bien, exécuté en présence du testateur et des deux témoins attestant, tous trois étant présents ensemble, et la signature de chacun étant tatouée en présence de l'autre ?

"C'était."

« Le testateur, autant que vous pouviez en juger, était-il sain d'esprit, de mémoire et de compréhension au moment de la dictée et de l'exécution du testament ?

"Il l'était très certainement."

"Avez-vous, au-delà des suggestions dont vous avez déjà témoigné, influencé de quelque manière que ce soit indûment l'esprit du testateur, de manière à l'inciter à faire ce testament ?"

"Je n'ai pas."

« Et vous jurez sur ces faits ?

"Je fais."

Puis il passa à l'histoire de la mort des deux marins qui avaient attesté le testament, et au récit du sauvetage final d'Augusta, clôturant finalement son interrogatoire principal juste au moment où l'horloge sonnait quatre heures, après quoi la Cour s'ajourna jusqu'au le jour suivant.

Comme on peut l'imaginer, même si les choses se sont plutôt bien passées jusqu'à présent, aucun membre de notre groupe n'a passé une nuit trop confortable. La tension était trop grande pour l'admettre ; et en réalité, ils étaient tous heureux de se retrouver dans la cour, qui était, si possible, encore plus bondée le lendemain matin, remplis de l'espoir que ce jour-là pourrait voir l'affaire tranchée d'une manière ou d'une autre.

Dès que le juge fut entré, Augusta reprit sa place à la barre des témoins, et le procureur général se leva pour l'interroger.

« Vous avez dit à la Cour, Miss Smithers, à la fin de votre témoignage, que vous êtes maintenant fiancée à M. Meeson, le demandeur. Maintenant, je suis désolé de devoir vous poser une question personnelle, mais je dois vous demander : étiez-vous, au moment du tatouage du testament, amoureux de M. Meeson ?

C'était un coup de poing, et la pauvre Augusta rougit en dessous ; cependant, son esprit naturel lui vint en aide.

"Si vous définissez, Monsieur, ce qu'est être amoureux, je ferai de mon mieux pour répondre à votre question", a-t-elle déclaré. Ce à quoi le public, y compris Sa Seigneurie, sourit.

Le procureur général parut perplexe, comme il se devait ; car il y a certaines choses qui dépassent l'apprentissage même d'un procureur général.

« Eh bien, dit-il, étiez-vous enclin au mariage envers M. Meeson ? »

« Sûrement, monsieur le procureur général, dit le juge, l'une n'inclut pas nécessairement l'autre ? »

«Je m'incline devant l'expérience de Votre Seigneurie», dit acerbement M. l'avocat. « Peut-être que je ferais mieux de poser ma question de cette façon : aviez-vous, à un moment donné, la moindre perspective de vous fiancer avec M. Meeson ?

"Aucun du tout."

« Vous êtes-vous soumis à ce tatouage, qui devait être douloureux, en vue de vous fiancer avec la plaignante ?

"Certainement pas. Je peux souligner, ajouta-t-elle avec hésitation, qu'une telle défiguration n'est pas susceptible d'ajouter à l'attrait de qui que ce soit.

« Veuillez répondre à mes questions, Miss Smithers, et ne faites aucun commentaire à leur sujet. Comment en êtes-vous donc arrivé à vous soumettre à une opération aussi désagréable ?

« Je m'y suis soumis parce que je pensais qu'il était juste de le faire, puisqu'il n'y avait aucun autre moyen apparent d'atteindre la fin de feu M. Meeson. Aussi… » et elle fit une pause.

" Aussi ce que?"

" J'avais aussi de l'estime pour M. Eustace Meeson, et je savais qu'il avait perdu son héritage à cause d'une querelle à mon sujet."

« Ah ! maintenant nous y arrivons. Alors vous avez été tatoué par respect pour le plaignant, et pas uniquement dans l'intérêt de la justice ?

"Oui; Je suppose."

"Eh bien, monsieur le procureur", intervint le juge, "et si elle l'était?"

«Mon objectif, Monseigneur, était de montrer que cette jeune femme n'était pas le médium purement impassible dans cette affaire, comme mon éminent ami, M. Short, voudrait faire croire à la Cour. Elle agissait avec un mobile.

« La plupart des gens le font », dit sèchement le juge. "Mais cela ne veut pas dire que le motif était inapproprié."

Alors le savant gentleman poursuivit son contre-interrogatoire, dirigeant toute l'ingéniosité de son esprit exercé à essayer de prouver, par les aveux d'Augusta, premièrement, que la testatrice agissait sous l'influence indue d'elle-même ; et deuxièmement, que lorsque le testament a été exécuté , il était *incompris mentis* . Pour cela, il s'étendit longuement sur tous les détails des événements depuis le tatouage du testament jusqu'à la mort du testateur le lendemain, tirant le meilleur parti du fait qu'il était mort dans un accès de manie. Mais quoi qu'il voulût, il ne pouvait ébranler son témoignage sur aucun point important, et quand enfin il s'assit, James Short sentit que son cas n'avait reçu aucun coup sérieux.

Puis quelques questions supplémentaires ayant été posées en contre-interrogatoire par divers autres avocats, James se leva pour réinterroger et, dans le but de réfuter la présomption d'aliénation mentale du testateur, il fit répéter à Augusta tous les détails de l'aveu selon lequel le le défunt éditeur lui avait fait part de ses méthodes de commerce. C'était beau de voir la fureur et l'horreur peintes sur le visage du colérique M. Addison et du cadavérique M. Roscoe, lorsqu'ils virent les secrets les plus précieux des coutumes du commerce, telles qu'elles étaient pratiquées chez Meeson, ainsi défilés en plein air. la lumière du jour, tandis qu'une douzaine de journalistes au crayon rapide notaient chaque détail.

Finalement, Augusta reçut l'ordre de se retirer, ce qu'elle fit heureusement, et Mme Thomas, l'épouse du capitaine Thomas, fut appelée. Elle prouva la découverte d'Augusta sur l'île, et qu'elle avait vu le chapeau d'un des marins et le tonneau de rhum aux deux tiers vide, et elle sortit également la coquille dans laquelle les hommes avaient bu le rhum (qui le juge avait appelé Augusta pour s'identifier). Ce qui était le plus important, cependant, c'est qu'elle a donné le témoignage le plus clair selon lequel elle avait elle-même vu enterré feu M. Meeson et a identifié le corps comme étant celui du défunt éditeur en choisissant sa photographie parmi un paquet d'une douzaine qui lui ont été remis. Elle a également juré que lorsqu'Augusta est arrivée à bord du baleinier, les marques de tatouage sur son dos n'étaient pas guéries.

Aucun contre-interrogatoire du témoin digne de ce nom n'ayant été tenté, James appela un employé du bureau des défunts propriétaires du RMS Kangaroo, qui lui présenta le rôle du navire, sur lequel étaient inscrits les noms des deux marins, Johnnie Butt et Bill Jones a dûment comparu.

Cela clôtura le dossier du plaignant, et le procureur général commença immédiatement à appeler ses témoins, réservant ses remarques jusqu'à la conclusion de la preuve. Il n'avait que deux témoins, M. Todd, l'avocat qui avait rédigé et attesté le testament du 10 novembre, et son greffier, qui l'avait également attesté, et leur interrogatoire n'a pas duré longtemps. Cependant, lors de leur contre-interrogatoire, ces deux témoins ont reconnu que le testateur était dans un grand état de passion lorsqu'il a rédigé le testament et ont donné des détails sur la scène animée qui s'est alors produite.

Ensuite, le procureur général s'est levé pour s'adresser au tribunal au nom des accusés. Il a déclaré que la Cour était saisie de deux questions, réservant pour le moment celle de l'admissibilité du témoignage d'Augusta Smithers ; et c'étaient... premièrement, les marques de tatouage sur le cou de la dame constituaient-elles un testament ? et deuxièmement, à supposer que ce soit le cas, a-t-il été prouvé à la satisfaction de la Cour que ces marques non datées avaient été dûment exécutées par un homme sain d'esprit et sans influence, en présence des témoins, comme l'exige la loi. Il soutenait, en premier lieu, que ces marques ne constituaient pas un testament au sens de la loi ; mais, sentant qu'il n'était pas en terrain très sûr sur ce point, il passa rapidement aux autres aspects de l'affaire. Avec beaucoup de force et d'habileté, il s'est attardé sur l'étrangeté de toute l'histoire et sur le fait qu'elle reposait uniquement sur le témoignage d'un seul témoin, Augusta Smithers. Ce n'est que si la Cour acceptait son témoignage tel qu'il était qu'elle pourrait conclure que le testament avait été exécuté ou, en fait, que les deux témoins se trouvaient sur l'île. Compte tenu des relations qui existaient entre ce témoin et la demanderesse, la Cour était-elle prête à accepter son témoignage de cette manière sans réserve ? Était-elle prête à décider que ce testament, en faveur d'un homme avec lequel le testateur s'était violemment brouillé et avait déshérité à la suite de cette querelle, n'était pas, si tant est qu'il ait été exécuté, extorqué par cette dame à un faible et un homme mourant, et peut-être dérangé ? et avec cette question, le savant gentleman s'assit.

Il a été brièvement suivi par le solliciteur général et par M. Fiddlestick ; mais bien qu'ils parlèrent assez couramment, abordant divers points mineurs, ils n'eurent rien de nouveau d'intéressant à présenter, et ayant fini à trois heures et demie, James se leva pour répondre sur toute l'affaire au nom du plaignant.

Il y eut une pause pendant qu'il arrangeait ses notes, puis, juste au moment où il était sur le point de commencer, le juge dit doucement : « Merci, M. Short, je ne pense pas avoir besoin de vous déranger », et James s'assit. avec un hoquet, car il savait que la cause était gagnée.

Alors Sa Seigneurie commença et, après avoir donné un résumé magistral de toute l'affaire, conclut ainsi : « Tels sont les détails de la cause d'homologation la plus remarquable que je me souvienne d'avoir jamais portée à ma connaissance, soit au cours de ma carrière à au Barreau ou sur le Banc. Il sera évident, comme l'a dit le savant procureur général, que toute l'affaire se situe en réalité entre deux points. Le document au dos d'Augusta Smithers est-il un testament suffisant pour porter la propriété ? et, si tel est le cas, faut-il croire l'histoire non étayée de cette dame quant à l'exécution du document ? Or, qu'entend la loi par le terme « testament » ? Sûrement comprend-il quelque écrit qui exprime le souhait ou la volonté d'une personne quant à la disposition de ses biens après son décès ? Cet écrit doit être exécuté avec certaines formalités ; mais s'il est ainsi signé par une personne ne souffrant d'aucun handicap mental ou autre, il est inopposable, sauf par l'exécution ultérieure d'un nouveau document testamentaire, ou par sa destruction ou tentative de destruction, *animo revocandi*, ou par mariage. Sous réserve de ces formalités exigées par la loi, la forme de l'acte, pour autant que son sens soit clair, est sans importance. Or, les marques de tatouage sur le dos de cette dame constituent-elles un tel document, et traduisent-elles la véritable dernière volonté ou le souhait du testateur ? C'est le premier point que je dois trancher, et je le décide par l'affirmative. Il est vrai qu'il n'est pas habituel que des documents testamentaires soient tatoués sur la peau d'un être humain ; mais, parce que ce n'est pas habituel, il ne s'ensuit pas qu'un document tatoué ne soit pas valable. La neuvième section du Statut de 1 Vic., cap. 26, précise qu'aucun testament ne sera valide s'il n'est pas écrit; mais ce tatouage ne peut-il pas être considéré comme un écrit au sens de la Loi ? Je suis clairement d'avis qu'il le peut, ne serait-ce que parce que la matière utilisée était de l'encre, une encre naturelle, il est vrai, celle de la seiche, mais de l'encre quand même ; car je puis remarquer que le produit naturel de la seiche était autrefois largement utilisé dans ce pays dans ce but précis. En outre, en ce qui concerne cette partie du cas, il faut garder à l'esprit que le testateur n'était pas un être excentrique, qui, par caprice ou par perversité, a choisi cette méthode extraordinaire pour signifier ses désirs quant à la disposition de ses biens. C'était un homme placé dans une situation à peu près aussi terrible qu'il est possible de le concevoir. Il était, si l'on en croit l'histoire de Miss Smithers, très sincèrement désireux de révoquer une disposition de ses biens qu'il, maintenant face à face avec le plus grand problème de cette vie, reconnaissait comme injuste et qui était certainement contraire. aux incitations de la nature telles qu'elles sont vécues par la plupart des hommes. Et pourtant, dans cette situation terrible dans laquelle il se trouvait, et malgré le désir sincère qui devenait de plus en plus intense à mesure que ses forces vitales diminuaient, il ne trouvait absolument aucun moyen de réaliser son souhait. Enfin, cependant, ce projet de tatouer sa volonté sur la chair vivante d'une personne plus jeune et plus forte lui est présenté, et il s'en sert avec empressement ; et le tatouage est dûment effectué en sa présence et à sa demande, et dûment signé et attesté. Peut-on sérieusement affirmer qu'un document ainsi signé ne satisfait pas aux strictes exigences de la loi ? Je pense que ce n'est pas possible, et je suis d'avis qu'un tel document est autant un testament valide que s'il avait été gravé sur la peau d'un mouton et dûment signé et attesté dans le Temple.

« Et maintenant j'en viens au deuxième point. Faut-il croire le témoignage de Miss Smithers ? Voyons d'abord où cela est corroboré. Il ressort clairement du témoignage de Lady Holmhurst que lorsqu'elle était à bord du malheureux Kangourou, Miss Smithers n'avait aucune marque de tatouage sur ses épaules. Il ressort également clairement du témoignage inébranlable de Mme Thomas que, lorsqu'elle a été secourue par le baleinier américain, son dos était marqué de tatouages, alors en phase de guérison, de tatouages qui n'auraient pu être infligés par elle-même ou par le baleinier. enfant, qui était son seul compagnon vivant. Il est également prouvé que Mme Thomas a vu sur l'île le cadavre d'un homme, dont elle a été informée qu'il s'agissait de celui de M. Meeson, et qu'elle a identifié ici au tribunal au moyen d'une photographie. Aussi, ce même témoin a produit une coquille qu'elle a ramassée dans une des cabanes, qui serait la coquille utilisée par les marins pour boire le rhum qui a conduit à leur destruction ; et elle jura avoir vu un chapeau de marin posé sur le rivage. Or, tout cela est une preuve corroborante et de nature à ne pas être méprisée. En effet, quant à un point, celui de la date approximative de l'exécution du tatouage, il est à mon avis définitif. Pourtant, il reste énormément de choses qui doivent être acceptées ou non, selon que l'on peut accorder ou non du crédit au témoignage non étayé de Miss Smithers, car nous ne pouvons pas demander à un enfant aussi jeune que l'actuel Lord Holmhurst de supporter témoin devant un tribunal de justice. Si Miss Smithers, par exemple, ne dit pas la vérité lorsqu'elle déclare que la signature du testateur a été tatouée sur elle sous sa direction immédiate, ou qu'elle a été tatouée en présence des deux marins, Butt et Jones, dont les signatures ont été également tatoués en présence du testateur et de chacun des autres - aucun testament n'a été exécuté et le dossier du demandeur s'effondre complètement, car, de par la nature même des faits, la preuve de l'écriture manuscrite serait, bien entendu, inutile. Maintenant, j'aborde la décision sur ce point après une réflexion anxieuse et quelques hésitations. Ce n'est pas une mince affaire d'annuler un document formellement signé tel que le testament du 10 novembre, sur lequel s'appuient les accusés, et de modifier entièrement la dévolution d'une grande quantité de biens sur la base du témoignage non étayé d'un seul témoin. Il me semble cependant qu'il existe deux critères que la Cour peut plus ou moins ériger en normes pour mesurer la véracité de l'affaire. Le premier d'entre eux est la probabilité acceptée de l'action d'un individu dans un ensemble de circonstances données, telle qu'elle ressort de notre connaissance commune de la nature humaine ; et le deuxième, le comportement et le ton du témoin, tant dans le box que dans le déroulement des circonstances qui ont conduit à sa comparution . Je commencerai par le dernier de ces deux, et autant déclarer sans plus tarder que je suis convaincu de la véracité de l'histoire racontée par Miss Smithers. Il serait, à mon avis, impossible à quiconque, dont l'intelligence a été formée par des années d'expérience dans ce tribunal et dans d'autres, et dont le devoir quotidien est de faire preuve de discernement quant à la crédibilité des témoignages, de ne pas croire l'histoire détaillée de manière si circonstanciée dans le coffret de Miss Smithers (Sensation). J'ai observé de très près son comportement lors de l'interrogatoire et du contre-interrogatoire, et je suis convaincu qu'elle disait la vérité absolue pour autant qu'elle la sache.

« Et maintenant, venons-en au deuxième point. On a suggéré, pour jeter le doute sur le récit de Miss Smithers, que l'existence d'un engagement de mariage entre elle et le plaignant aurait pu l'inciter à concocter une fraude monstrueuse à son profit ; et cela est suggéré bien qu'au moment de l'exécution du tatouage, aucun engagement de ce type n'existait en réalité ou n'était à une distance mesurable des parties. Cela n'existait pas, dit le procureur général ; mais l'esprit disposé existait : en d'autres termes, qu'elle était alors « amoureuse » – si, malgré la difficulté de M. Attorney à le définir, je peux utiliser le terme avec la plaignante. Cela a peut-être été le cas ou non. Il y a certaines choses qu'aucun juge ou jury n'a le pouvoir de décider, et l'une d'entre elles est certainement la suivante : à quelle période exacte de sa connaissance d'un futur mari le regard d'une jeune femme se transforme en un sentiment plus chaleureux ? Mais en supposant que le procureur général ait raison, et que, bien qu'à ce moment-là elle n'eût manifestement aucune perspective de l'épouser, puisqu'elle avait quitté l'Angleterre pour chercher fortune aux antipodes, la plaignante était regardée par cette dame avec ce genre de regard. En ce qui concerne ce qui est censé précéder le contrat matrimonial, la circonstance, à mon avis, joue plutôt en sa faveur que contre lui. Car, en passant, je peux remarquer que cette jeune dame a fait une chose qui, à sa manière, est à peu près héroïque ; d'autant plus qu'il a un côté grotesque. Elle a subi une opération qui non seulement a dû être douloureuse, mais qui est et sera toujours une tache sur sa beauté. Je suis enclin à être d'accord avec le procureur général lorsqu'il dit qu'elle n'a pas fait ce sacrifice sans motif, qui peut provenir d'un sens aigu de la justice et de la gratitude envers la plaignante pour son intervention en sa faveur, ou de une sensation plus chaleureuse. Dans les deux cas, il n'y a là rien de déshonorant, bien au contraire ; et, pris en lui-même, il n'y a certainement rien ici qui m'amène à ne pas croire le témoignage de Miss Smithers.

« Une seule question me semble demeurer. Y a-t-il quelque chose qui démontre que le testateur n'était pas, au moment de l'exécution du testament, d'un esprit sain et disposé ? et y a-t-il quelque chose dans sa conduite ou dans son histoire qui rende l'hypothèse selon laquelle il aurait exécuté son testament si improbable que la Cour devrait prendre en compte cette improbabilité ? Pour le premier point, je ne trouve rien. Miss Smithers a expressément juré que ce n'était pas le cas ; sa déclaration n'a pas non plus été ébranlée par un contre-interrogatoire très approfondi. Elle avoua en effet que, peu avant sa mort, il errait dans son esprit et pensait qu'il était entouré d'ombres d'auteurs attendant de se venger de lui. Mais il n'est pas rare que l'esprit finisse ainsi par échouer, et il n'est pas extraordinaire que cet homme mourant évoque devant son cerveau les formes de ceux avec lesquels il semble avoir traité durement certains au cours de sa vie. Je ne considère pas non plus qu'il soit impossible que, sentant approcher sa fin , il ait voulu annuler la sentence de sa colère et rendre à son neveu, dont le seul délit avait été un usage quelque peu indiscret du langage de la vérité, l'héritage. aux vastes richesses dont il l'avait privé. Une telle démarche me semble la plus naturelle et la plus appropriée, et parfaitement conforme aux premiers principes de la nature humaine. L'histoire entière est sans aucun doute d'un ordre sauvage et romantique, et illustre une fois de plus le dicton selon lequel « la vérité est plus étrange que la fiction ». Mais je n'ai d'autre choix que d'accepter le fait que le défunt a, au moyen d'un tatouage effectué sur son ordre, exécuté légalement sa véritable dernière volonté en faveur de son plus proche parent, Eustace H. Meeson, sur les épaules. d'Augusta Smithers, le ou vers le 22 décembre 1885. Ceci étant, je me prononce en faveur du testament proposé par le demandeur, et il y aura une concession telle que demandée.

"Avec dépens, mon Seigneur?" demanda James en se levant.

« Non, je ne suis pas enclin à aller aussi loin. Ce litige est né du fait même du testateur et la succession doit en supporter la charge.

«Si Votre Seigneurie le souhaite», dit James en s'asseyant.

"M. Bref, dit le juge en s'éclaircissant la gorge, je ne parle pas souvent dans ce sens, mais je me sens appelé à vous féliciter pour la manière dont vous avez, seul, mené cette affaire - d'une certaine manière. l'un des plus étranges et des plus importants qui se soient jamais présentés à moi : avoir pour adversaires un si formidable éventail de savants messieurs. La performance aurait été honorable pour toute personne possédant une plus grande expérience et de plus longues années ; dans l'état actuel des choses, je pense que c'est sans précédent.

James a changé de couleur , s'est incliné et s'est assis, sachant qu'il était un homme fait et que ce serait de sa faute si sa future carrière au barreau n'était pas maintenant une prospérité presque sans exemple.

CHAPITRE XXII.
ST. GEORGE'S, HANOVER-SQUARE.

La Cour se sépara dans la confusion et Augusta, maintenant que la tension était passée, remarqua avec amusement que le sombre groupe d'avocats érudits qui s'étaient battus de toutes leurs forces pour gagner la cause de leurs clients ne semblait pas particulièrement affligé. le revers qu'ils avaient subi, mais ils bavardaient gaiement tout en attachant leurs papiers avec des bouts de paperasse. Elle ne se rend peut-être pas vraiment compte que, ayant fait de leur mieux et gagné leurs modestes honoraires, ils ne se sentaient pas appelés à avoir le cœur brisé parce que la Cour refusait de considérer qu'ils étaient payés pour leur pension alimentaire. Mais il en était tout autrement de MM. Addison et Roscoe, qui venaient de voir deux millions d'argent échapper à leur avare emprise. C'étaient déjà des hommes riches ; mais cela n'a pas doré la pilule, car la possession d'argent n'enlève rien au désir d'en acquérir davantage. M. Addison était violet de fureur, et M. Roscoe cacha son visage sombre dans ses mains et gémit. À ce moment-là, le procureur général se leva et, voyant James Short s'avancer pour parler à ses clients, l'arrêta et lui serra chaleureusement la main.

"Permettez-moi de vous féliciter, mon cher", dit-il. « Je n'ai jamais vu un cas mieux réalisé. Cela m'a fait un grand plaisir, et je suis très heureux que le juge ait jugé bon de vous complimenter, ce qui est d'ailleurs très inhabituel. Je peux seulement dire que j'espère avoir le plaisir de vous avoir parfois comme junior à l'avenir. À propos, si vous n'avez pas d'autre engagement, j'aimerais que vous veniez chez moi demain vers midi.

M. Addison, qui était tout près, entendit ce petit discours, et une nouvelle lumière éclata sur lui. D'un bond, il se jeta entre James et le procureur général.

« Je vois ce que c'est maintenant, dit-il d'une voix tremblante de colère, j'ai été vendu ! Je suis victime de collusion. Vous avez eu cinq cents de mon argent, confondez-vous ! » cria-t-il en brandissant presque le poing devant son savant et digne conseiller ; "et maintenant vous félicitez cet homme!" et il pointa son doigt vers James. « Vous avez été soudoyé pour me trahir, Monsieur. Tu es un coquin ! oui, un coquin !

À ce stade, le savant procureur général, oubliant son savoir et l'extrême augustité de sa position, revint en fait aux premiers principes de la nature humaine dont avait parlé le juge et serra le poing. En effet, si M. News, complètement consterné par un tel spectacle, ne s'était pas précipité et n'avait pas ramené son client furieux, on ne sait pas quelle chose scandaleuse n'aurait pas pu se produire.

Mais tant bien que mal, on se débarrassa de lui, et tout le monde s'effondra, laissant les huissiers aller ramasser les buvards et les stylos qui jonchaient la cour vide.

« Et maintenant, braves gens, » dit Lady Holmhurst , « je pense que la meilleure chose que nous puissions faire est de rentrer à la maison et de nous reposer avant le dîner. Je l'ai commandé à sept heures et il est cinq heures et demie. J'espère que vous viendrez aussi, M. Short, et que vous amènerez votre frère avec vous ; car je suis sûr que vous méritez tous deux votre dîner, si jamais quelqu'un l'a fait.

Et ainsi ils partirent tous, et ils eurent un dîner très joyeux, comme ils le pouvaient. Mais finalement, cela a pris fin et les jumeaux légaux sont partis, rayonnants comme des étoiles de bonheur et de champagne. Et puis Lady Holmhurst partit également et laissa Eustache et Augusta seules.

« La vie est une chose étrange, dit Eustace ; « Ici, ce matin, j'étais lecteur d'un éditeur à 180 £ par an ; et maintenant, ce soir, si ce verdict est confirmé, il semble que je sois l'un des hommes les plus riches d'Angleterre.

"Oui, ma chère", dit Augusta, "et avec le monde entier à tes pieds, car la vie est pleine d'opportunités pour les riches. Vous avez un grand avenir devant vous, Eustace ; J'ai vraiment honte d'épouser un homme aussi riche.

« Ma chérie, dit-il en l'entourant de ses bras ; « Tout ce que j'ai, je te le dois. Savez-vous qu'il n'y a qu'une seule chose qui me fait peur à propos de tout cet argent, s'il nous parvient réellement ; et c'est que vous serez tellement occupé de ce que les gens en quête de plaisir appellent les devoirs sociaux et de leur répartition, que vous abandonnerez votre écriture. Tant de femmes sont comme ça. Quelle que soit leur capacité, elles semblent disparaître complètement le jour de leur mariage. Ils disent après coup qu'ils n'ont pas le temps, mais je pense souvent que c'est parce qu'ils ne choisissent pas de prendre du temps.

«Oui», répondit Augusta; « Mais c'est aussi parce qu'ils n'aiment pas vraiment leur travail, quel qu'il soit. Ceux qui aiment vraiment leur art comme j'aime le mien, avec cœur, âme et force, ne seront pas si facilement réprimés. Bien sûr, les distractions et les soucis accompagnent le mariage ; mais, d'un autre côté, si l'on se marie heureux, on retrouve la tranquillité d'esprit et la cessation de cette agitation incessante qui est si fatale au bon travail. Ne craignez rien, Eustace ; si je le peux, je montrerai au monde que vous n'avez pas épousé un idiot ; et si je ne peux pas… eh bien, ma chère, ce sera parce que j'en suis un.

"Cela vient très bien de la part de l'auteur de 'Jemima's Vow'", a déclaré Eustace avec sarcasme. « En vérité, ma chère, entre votre renommée d'écrivain et d'héroïne du naufrage et de la grande affaire de la volonté, je pense que je ferais mieux de m'effacer tout de suite, car je serai certainement connu comme le mari de la belle et douée Mme Meeson »—

"Oh! non, répondit Augusta ; "n'ayez pas peur, personne ne songerait à parler avec mépris du propriétaire de deux millions d'argent."

"Bien; tant pis pour l'argent, dit Eustace ; « Nous ne l'avons pas encore, d'abord. J'ai quelque chose à te demander.

«Je dois aller me coucher», dit Augusta avec fermeté.

"Pas de bêtises!" dit Eustache. «Tu n'y vas pas», et il lui attrapa le bras.

"Lâchez-moi, monsieur!" dit Augusta avec majesté. "Maintenant, qu'est-ce que tu veux, espèce d'idiot?"

"Je veux savoir si tu m'épouseras la semaine prochaine."

"La semaine prochaine? Bonne grace! Non », a déclaré Augusta. "Pourquoi je n'ai pas mes affaires, et, d'ailleurs, je suis sûr que je ne sais pas d'où vient l'argent pour les payer."

"Des choses!" » dit Eustace avec un beau mépris. « Tu as réussi à vivre en terre de Kerguelen sans choses, donc je ne vois pas pourquoi tu ne peux pas te marier sans elles – même si, d'ailleurs, j'aurai tout ce que tu veux dans six heures. Je n'ai jamais entendu des femmes aussi arrogantes parler de « choses ». Écoute, chérie. Pour l'amour du ciel, marions-nous et restons un peu tranquilles ! Je peux vous assurer que si vous ne le faites pas, votre vie ne vaudra plus la peine d'être vécue après ça. Vous serez pourchassé comme une bête sauvage, interviewé, peint et inquiet à mort ; tandis que si vous vous mariez, eh bien, ce sera mieux pour nous tranquillement, vous savez.

"Eh bien, il y a quelque chose là-dedans", a déclaré Augusta. "Mais en supposant qu'il y ait un appel et que la décision soit annulée, que se passerait-il alors ?"

« Eh bien, alors nous devrions travailler pour gagner notre vie, c'est tout. J'ai mon logement et vous pourrez écrire pour la presse jusqu'à la fin de votre accord de cinq ans avec Meeson and Co. Je vous mettrais sur le chemin. Je vois beaucoup d'écrivains dans ma boutique.

"Eh bien," dit Augusta, "je vais en parler à Bessie."

"Oh, bien sûr, Lady Holmhurst dira non", dit Eustace sombrement. « Elle réfléchira aux « choses » ; et d'ailleurs elle ne voudra pas vous perdre avant d'y être obligée.

«C'est tout ce que je peux faire pour vous, monsieur», dit Augusta avec décision. « Voilà… viens… ça suffit ! Bonne nuit." Et s'éloignant de lui, elle fit une jolie petite révérence et disparut.

«Maintenant, je me demande ce qu'elle compte faire», méditait Eustache pendant que le majordome lui apportait son chapeau. « Je ne devrais vraiment pas me demander si elle a accepté. Mais alors, on ne sait jamais comment une femme va prendre une chose. Si elle le veut, elle le fera, etc., etc.

Et maintenant, cela peut paraître très étrange au lecteur, mais, en fait, dix jours après la date de la conversation ci-dessus, il y a eu un petit rassemblement à Saint-Georges, sur la place de Hanovre, à proximité. . Je dis « petit », car le mariage avait été tenu tout à fait secret, afin d'empêcher les curieux de s'y ruer par milliers, comme ils l'auraient certainement fait s'il avait été annoncé que l'héroïne de la grande affaire testamentaire était va se marier. La fête était donc très sélective. Augusta n'avait aucune relation personnelle ; c'est pourquoi elle avait demandé au docteur Probate, avec qui elle avait noué une grande amitié, de venir la donner ; et, bien que la carrière antérieure du vieux gentleman ait eu plus de rapport avec la défaite du lien nuptial qu'avec sa contraction, il ne trouvait pas dans son cœur la force de refuser.

« Je négligerai mes devoirs, vous savez, ma chère demoiselle, dit-il en secouant la tête. « C'est très mal, très mal, car je devrais être au greffe ; mais… eh bien, peut-être parviendrai-je à me tromper – très mal, cependant – très mal et tout à fait hors de mon domaine d'activité ! J'espère que je commencerai à m'adresser à la Cour – je veux dire au pasteur – pour le pétitionnaire.

Et c'est ainsi qu'en ce jour propice, l'enregistrement dut se débrouiller tout seul ; et, pour une question d'histoire, on peut affirmer qu'aucune question n'a été posée à ce sujet au Parlement.

Puis il y avait Lady Holmhurst , très jolie dans sa robe de veuve ; et son garçon Dick, qui était de très bonne humeur, éclatant de santé et émerveillé par ces étranges procédés de la part de sa « tante » ; et, bien sûr, les jumeaux légaux fermaient la marche.

Et là, dans la sacristie, se tenait Augusta dans sa robe de mariée, femme aussi douce que jamais le soleil brillait ; et en regardant son beau visage, le Dr Probate est presque tombé amoureux d'elle lui-même. Et pourtant, c'était un visage triste à ce moment-là. Elle était heureuse, très heureuse, comme devrait l'être une femme aimante qui est sur le point de devenir épouse ; mais lorsqu'une grande joie s'approche de nous, elle s'accompagne des ombres de nos anciens chagrins.

Le bonheur le plus élevé a une faculté particulière de rappeler à notre esprit ce qui l'a troublé dans le passé, la vérité étant que les extrêmes en ce domaine, comme dans d'autres, se touchent parfois, ce qui semble suggérer que le chagrin et le bonheur — aussi variées que soient leurs fleurs — ont pourtant une racine commune. Il en était ainsi désormais pour Augusta. Alors qu'elle se tenait dans la sacristie, il lui vint à l'esprit le souvenir de sa chère petite sœur et de la manière dont elle lui avait prophétisé une grandeur heureuse et un succès. Maintenant, le bonheur et le succès étaient à portée de main, et là, dans l'allée, se tenait son véritable amour ; mais cependant le souvenir de ce cher visage et du petit monticule qui le recouvrait restait sur eux comme une ombre. Cela passa avec un soupir, et à sa place vint le souvenir du pauvre M. Tombey, mais pour qui elle n'aurait pas été là une épouse, et de ses dernières paroles alors qu'il la mettait dans le bateau. Il était désormais de la nourriture pour les poissons, le pauvre garçon, et elle se retrouvait seule avec une grande et heureuse carrière qui s'ouvrait devant elle — une carrière dans laquelle ses talents auraient un espace libre pour travailler. Et pourtant, comme c'était étrange de penser cela : deux ou vingt ans plus tard, tout n'en serait qu'un, et elle serait comme M. Tombey. Pauvre M. Tombey ! peut-être valait-il mieux qu'il ne soit pas là pour voir son bonheur ; et espérons que, où que nous allions après le dernier événement, nous perdrons de vue le monde et ceux que nous y avons connus. Autrement, il doit y avoir plus de cœurs brisés dans les cieux en haut que sur la terre en bas.

« Maintenant, miss Smithers, interrompit le docteur Probate, pour la toute dernière fois — personne ne vous appellera plus ainsi, vous savez — prenez mon bras ; Sa Seigneurie, je veux dire le curé, est là.

C'était fait, et ils étaient mari et femme. Eh bien, même le mariage le plus heureux est toujours une bonne chose à surmonter. Le chemin du retour jusqu'à Hanover-Square n'était pas long, et la toute première vue qui les accueillit à leur arrivée fut l'enfant de la ville (John's), accompagné de son frère, l'enfant de Pump-court (James'), qui était sans doute venu pour lui montrer le chemin, ou plus probablement parce qu'il pensait qu'il y aurait des aliments à manger — tenant à la main une lettre d'aspect légal.

« Marqué « *immédiat* », Monsieur ; alors j'ai pensé que je ferais mieux de la servir immédiatement », dit le premier enfant en tendant la lettre à John.

"Qu'est-ce que c'est?" » demanda nerveusement Eustache. Il en était venu à détester la vue de la lettre d'un avocat avec une haine mortelle.

« Avis d'appel, j'imagine », a déclaré John.

"Ouvre-le, mec!" dit Eustace, "et finissons-en."

En conséquence, Jean l'a fait et a lu ce qui suit : -

« MEESON *c.* ADDISON ET UN AUTRE

« Cher Monsieur,— Après consultation de nos clients, MM. Addison et Roscoe, nous sommes en mesure de vous faire l'offre suivante. Si aucun compte n'est exigé des bénéfices du mesne » –

"Ce n'est pas un bon terme", dit James avec irritation. « Les bénéfices Mesne font référence aux bénéfices tirés de l'immobilier. C'est exactement comme un avocat qui fait une telle erreur.

"Le terme est parfaitement approprié", répondit son jumeau avec chaleur. "Il y avait des biens immobiliers et, par conséquent, le terme peut à juste titre s'appliquer à l'ensemble des revenus."

"Pour l'amour du ciel, ne discutez pas, mais continuez !" dit Eustace. « Ne voyez-vous pas que je suis en colère ?

« ... mes clients », continua John, « sont prêts à s'engager à ce qu'aucun appel ne soit présenté dans le cas récent de Meeson *c.* Addison et autre. Si toutefois le plaignant insiste pour obtenir un compte, les mesures habituelles seront prises pour porter l'affaire devant une juridiction supérieure . — Bien cordialement,

« NOUVELLES ET NOUVELLES.
John Short, Esq.

"PS : une réponse immédiate obligera."

"Eh bien, Meeson, qu'en dis-tu ?" dit Jean ; mais je vous demande pardon, j'ai oublié ; peut-être aimeriez-vous suivre l'avis d'un avocat, » et il montra James, qui frottait sa tête chauve avec indignation.

« Oh non, je ne devrais pas, » répondit Eustache ; « J'ai bien pris ma décision. Qu'ils s'en tiennent à leur mesne » (ici James fit la grimace) ; « Eh bien, alors, à leurs profits intermédiaires ou intermédiaires ou à tout autre profit. Aucun appel pour moi, si je peux l'éviter. Envoyez un télégramme à News.

«Cela», commença James de son ton le plus solennel et le plus légal, «est une vision de la question dans laquelle je suis heureux de pouvoir coïncider chaleureusement, bien qu'il me semble qu'il y a plusieurs points que je vais aborder. un par un."

"Bonne grace! non, interrompit Lady Holmhurst ; " mais je pense que c'est plutôt *méchant* de leur part, n'est-ce pas, M. Short ? "

James parut perplexe. « Je ne comprends pas vraiment le point de vue de Lady Holmhurst », dit-il plaintivement.

« Alors vous devez être stupide, » dit Eustace, « Ne voyez-vous pas la plaisanterie ? – « *mesne* profits », *méchant* de leur part ?

« Ah », dit James avec satisfaction ; "JE PERÇOIS. Lady Holmhurst ne semble pas se rendre compte que même si « mesne » – un mot totalement erroné – se prononce « méchant », il s'écrit mesne.

"Je me trompe", dit Lady Holmhurst avec une petite révérence. « Je pensais que M. James Short tiendrait compte de mon ignorance et comprendrait ce que je *veux dire* !

Ce jeu de mots atroce tourna les rires contre le savant James, puis, le télégramme à News and News ayant été expédié, ils se rendirent tous au petit déjeuner de noces.

D'une manière générale, les petits déjeuners de mariage ne sont pas des affaires particulièrement animées. Il y a chez eux une hilarité feinte qui ne tend pas à la vraie gaieté, et ceux des invités qui ne sont pas occupés de pensées plus graves pensent probablement à la dyspepsie qui suit. Mais ce petit-déjeuner en particulier était une exception. Pour la première fois depuis la mort malheureuse de son mari, Lady Holmhurst semblait avoir entièrement retrouvé ses esprits et était redevenue elle-même, et une personne très charmante, si charmante, en fait, que même James oublia son savoir et les responsabilités de son noble. profession et parlait comme un chrétien ordinaire. En fait, il alla même jusqu'à lui faire un compliment éléphantesque ; mais comme il comportait trois phrases et était divisé en points, il ne sera pas répété ici.

Et puis, enfin, le docteur Probate se leva pour proposer la santé de la mariée ; et il l'a fait très bien, comme on pouvait s'y attendre d'un homme avec son extraordinaire familiarité avec les affaires matrimoniales. Son discours était tout à fait charmant et judicieusement parsemé de citations classiques.

« J'ai souvent entendu dire, conclut-il, que tous les hommes sont en réalité également favorisés par les Parques dans leur passage à travers le monde. J'ai toujours douté de la véracité de cette affirmation, et maintenant je suis convaincu de sa fausseté. M. Eustace est un très excellent jeune homme et, si je puis me permettre de le dire, un très beau jeune homme ; mais qu'est-ce que, je demanderais à cette assemblée assemblée, M. Meeson a fait plus que le reste des hommes pour justifier sa suprême chance ? Pourquoi ce jeune gentleman devrait-il être choisi parmi la multitude de jeunes gentlemen pour hériter de deux millions d'argent et épouser la plus charmante – oui, la plus charmante, la plus talentueuse et la plus courageuse jeune femme que j'aie jamais rencontrée – une jeune femme qui porte non seulement vingt fortunes sur son visage, mais une autre fortune dans son cerveau, et sa fortune sur son cou, et une telle fortune aussi ! Monsieur »—et il s'inclina vers Eustace—

« La belle Thaïs est assise à côté de toi,
prends les biens que les dieux te fournissent. »

« Je vous salue, comme tous les hommes doivent saluer celui qui est si suprêmement favorisé . Humblement, je vous salue ; humblement, je prie pour que vous méritiez continuellement le bien presque sans précédent qu'il a plu à la Providence de vous accorder.

Et puis Eustache se leva et prononça son discours, et ce fut un très bon discours, compte tenu des circonstances éprouvantes dans lesquelles il fut prononcé. Il leur raconta comment il était tombé amoureux du doux visage d'Augusta la première fois qu'il l'avait vu dans le bureau de son oncle à Birmingham. Il leur raconta ce qu'il avait ressenti lorsque, après avoir trouvé du travail à Londres, il était retourné à Birmingham pour trouver sa bien-aimée envolée, et ce qu'il avait enduré lorsqu'il avait appris qu'elle faisait partie des noyés à bord du Kangourou. Puis il arriva au jour heureux du retour, et à ce jour encore plus heureux où il découvrit qu'il ne l'avait pas aimée en vain, pour finir ainsi :

« Dr. L'homologation a déclaré que je suis un homme extrêmement chanceux et j'admets la véracité de sa remarque. Je suis en effet heureux au-dessus de mes mérites, si heureux que j'en ai peur. Quand je me retourne et vois ma femme bien-aimée assise à mes côtés, j'ai peur de devoir après tout faire un rêve et de me réveiller pour ne trouver que du vide. Et puis, d'un autre côté, il y a cette richesse colossale qui m'est parvenue par elle, et là encore j'ai peur. Mais, s'il vous plaît au Ciel, j'espère avec son aide faire du bien avec cela, et en me rappelant toujours que c'est une grande confiance qui a été placée entre mes mains. Et elle est aussi une fiducie bien plus inestimable, et comme je m'occupe d'elle, puissons-nous être traités ici et dans l'après. Puis, après coup, il proposa la santé des jumeaux légaux, qui avaient si noblement supporté seuls le poids de la bagarre, et déconcerta le procureur général et tout son savant hôte.

Là-dessus, James se leva pour répondre en termes d'éloquence éléphantesque, et aurait recommencé toute l'affaire si Lady Holmhurst, désespérée, ne l'avait tiré par la manche et ne lui avait pas dit qu'il devait proposer sa santé, ce qu'il fit avec sincérité, faisant légèrement allusion à le fait qu'elle était veuve en la décrivant comme étant « en état de découverte , avec tous les droits et responsabilités d'une « femme seule ».

Tout le monde éclata de rire, pas excepté la pauvre dame Holmhurst elle-même, et James s'assit, non sans indignation qu'un monde étourdi s'oppose à une définition exacte et légale du statut de l'individu tel qu'il est fixé par la loi.

Et après cela, Augusta alla se changer, et puis vinrent les adieux précipités ; et, pour échapper aux regards, ils s'en allèrent dans un fiacre, au milieu d'une pluie de vieilles chaussures.

Et là, dans ce fiacre, nous les laisserons.

CHAPITRE XXIII.
MEESON C'EST ENCORE UNE FOIS.

Un mois s'était écoulé, un mois de longues journées d'été et d'un tel bonheur que des jeunes gens qui s'aiment vraiment peuvent tirer d'une lune de miel passée dans les circonstances les plus favorables dans les endroits les plus doux et les plus ensoleillés des îles anglo-normandes. Et maintenant, le rideau se lève pour la dernière fois dans cette histoire, là où il s'est levé pour la première fois : dans le bureau intérieur de l'immense établissement de Meeson.

Au cours des quinze derniers jours, certaines communications avaient eu lieu entre M. John Short, dûment autorisé à cet effet, et les représentants légaux de MM. Addison et Roscoe, avec pour résultat que les intérêts de ces messieurs dans la grande maison d'édition avaient été rachetés, et qu'Eustache Meeson était désormais l'unique propriétaire de la vaste entreprise, qu'il avait l'intention de prendre sous sa direction personnelle.

Désormais, accompagné de John Short, qu'il avait nommé au poste d'avocat pour ses affaires et ses affaires privées, et d'Augusta, il s'occupait de reprendre formellement les clés du directeur principal, connu dans tout l'établissement. , comme n ° 1.

« Je souhaite faire référence aux accords conclus par les auteurs au début de l'année dernière », a déclaré Eustace.

Le n°1 les produisit d'une manière un peu maussade. Il n'aimait pas l'apparition sur scène de ce jeune propriétaire déterminé, avec ses manières libres et anti-Meeson.

Eustace les retourna et, pendant qu'il le faisait, son heureuse épouse se tenait à ses côtés, émerveillée par les changements kaléidoscopiques de sa situation. La dernière fois qu'elle s'était tenue dans ce bureau, il n'y avait pas un an, c'était comme une suppliante pitoyable mendiant quelques livres pour essayer de sauver la vie de sa sœur, et maintenant...

Soudain, Eustace s'arrêta de se retourner, sortit un document du paquet et y jeta un coup d'œil. C'était l'accord d'Augusta avec Meeson and Co. pour le « Vœu de Jemima », l'accord qui la liait à eux pour cinq ans, qui avait été la cause de tous ses ennuis et, comme elle le croyait fermement, de la mort de sa petite sœur.

« Voilà, ma chère, dit Eustache à sa femme, il y a un cadeau pour vous. Prends-le!"

Augusta prit le document et, après avoir regardé de quoi il s'agissait, frissonna en le faisant. Cela lui rappela tout cela si douloureusement.

« Que dois-je en faire ? » demanda-t-elle ; "déchirer?"

"Oui," répondit-il. « Non, arrête un peu », et le lui prenant, il écrivit « annulé » en grosses lettres dessus, le signa et le daté.

"Là", dit-il, "maintenant, envoyez-le pour qu'il soit encadré et vitré, et il sera accroché ici, dans le bureau, pour montrer comment ils faisaient des affaires chez Meeson."

Le n°1 renifla et regarda Eustace consterné. Que chercherait ensuite le jeune homme ?

« Est-ce que ces messieurs sont rassemblés dans la salle ? lui demanda Eustache lorsque les documents restants furent de nouveau rangés.

Le n° 1 a dit qu'ils étaient là, et en conséquence, ils se sont rendus dans la salle où étaient rassemblés tous les rédacteurs, sous-rédacteurs, directeurs, sous-directeurs des différents départements, commis et autres employés, sans oublier les auteurs apprivoisés, qui, un régiment pâle et farineux, avait été amené là-bas depuis les Huches et les artistes apprivoisés aux cheveux volants - et était maintenant rassemblé en lignes par le n° 1, qui était parti avant. Quand Eustace, sa femme et John Short arrivèrent au sommet de la salle, où quelques chaises avaient été placées, toute la multitude s'inclina, sur quoi il les supplia de s'asseoir - permission dont les auteurs apprivoisés, qui restaient assis toute la journée dans leur de petites cases en bois, et parfois une bonne partie de la nuit aussi, ne semblaient pas vouloir en profiter. Mais les artistes apprivoisés, qui devaient pour la plupart travailler debout, s'asseyaient volontiers.

« Messieurs, » dit Eustace, « permettez-moi d'abord de vous présenter ma fémme, Mme Meeson, qui, à un autre titre, a déjà été – sans grand profit pour elle – liée à cet établissement, ayant écrit la meilleure œuvre de fiction. qui soit jamais sorti dans nos presses à imprimer » (Ici quelques-uns des esprits les plus sauvages applaudirent, et Augusta rougit et s'inclina) – « et qui, je l'espère et j'en ai confiance, écrira de nombreux livres encore meilleurs, dont nous aurons l' honneur de donner au monde. (Applaudissements.) « Messieurs, permettez-moi également de vous présenter M. John Short, mon avocat, qui, avec son frère jumeau, M. James Short, a mené à bonne fin le grand procès dans lequel j'étais engagé.

« Et maintenant, je dois vous dire pourquoi je vous ai tous convoqués pour me rencontrer ici. Tout d'abord, dire que je suis désormais l'unique propriétaire de cette entreprise, après avoir racheté MM. Addison et Roscoe » — (« Et du bon travail aussi », dit une voix) — « et que j'espère que nous travaillerons bien. ensemble; et deuxièmement, de vous informer que je vais révolutionner totalement la marche des affaires telle qu'elle s'est pratiquée jusqu'ici dans cet établissement » — (Sensation) — « après avoir, avec l'aide de M. Short, élaboré un plan à cet effet. Je suis informé dans l'état des bénéfices sur lequel a été calculé le prix d'achat des actions de MM. Addison et Roscoe, que les bénéfices nets moyens de cette maison au cours des dix dernières années se sont élevés à cinquante-sept et une fraction pour cent sur le capital investi. Or, j'ai déterminé qu'à l'avenir les bénéfices nets de toute entreprise donnée seront répartis comme suit : dix pour cent à l'auteur du livre en main et dix pour cent à la Chambre. Puis, s'il y avait encore quelque profit, il serait réparti ainsi : Un tiers, dont une moitié ira à un fonds de pension, aux employés de la Chambre, le partage étant réglé selon une échelle fixe . sensation, surtout chez les auteurs apprivoisés) – « et le reste à l'auteur de l'ouvrage. Supposons donc qu'un livre rapporte un centime. pour cent, je prendrai dix pour cent, et les employés prendront vingt-six et une fraction pour cent, et l'auteur prendra soixante-quatre pour cent.

Et ici, une interruption s'est produite. Cela venait du n°1, qui ne pouvait plus retenir son dégoût.

« Je vais démissionner », dit-il ; « Je vais démissionner ! Meeson se contente de dix pour cent et de dépenses personnelles, alors qu'un auteur – un simple auteur – en touche soixante ! C'est honteux, honteux !

« Si vous décidez de démissionner, vous le pouvez », dit brusquement Eustace ; « mais je vous conseille de prendre le temps d'y réfléchir. Messieurs, poursuivit Eustace, j'ose dire que cela vous semble un grand changement, mais autant dire tout de suite que je ne suis pas un philanthrope sauvage. Je m'attends à ce que cela soit payant, et bien payé. D'abord, je n'entreprendreai jamais aucun travail que je ne crois pas rémunérateur, c'est-à-dire sans une garantie suffisante, ou en qualité de simple agent ; et mes dix pour cent seront la première charge sur les bénéfices ; puis les dix de l'auteur. Bien sûr, si je spécule sur un livre et que je l'achète entièrement, en fonction des risques, le cas sera différent. Mais avec une certitude nette de dix pour cent, je suis, comme les gens de tout autre secteur d'activité, tout à fait prêt à être satisfait ; et, à ces conditions, j'espère devenir l'éditeur de tous les meilleurs écrivains d'Angleterre, et j'espère également que tout bon écrivain pourra à l'avenir tirer un beau revenu de son travail. De plus, il me semble que la plupart d'entre vous se retrouveront dans une meilleure situation à la fin de l'année qu'aujourd'hui » (Acclamations). « Encore une ou deux questions que je dois aborder. Avant tout, les Huches, que je considère comme un scandale pour une grande institution comme celle-ci, seront abolies » — (Cris de joie des auteurs apprivoisés) — « et une belle rangée de chambres en brique sera érigée à leur place, et, en outre, leurs occupants recevront désormais une majoration très permanente de leur salaire » — (acclamations renouvelées et délirantes). « Enfin, j'abolirai ce système – cet horrible système – qui consiste à appeler les hommes par des numéros, comme s'ils étaient des forçats et non des Anglais libres. Désormais, chacun dans cet établissement sera connu sous son propre nom. (Vifs acclamations.)

« Et maintenant encore une chose : j'espère vous voir tous au dîner à Pompadour Hall ce jour de la semaine prochaine, lorsque nous baptiserons notre nouveau projet et la nouvelle entreprise, qui, cependant, dans l'avenir comme dans le passé, seront connus comme Meeson & Co., car, comme nous devons tous partager les bénéfices de notre entreprise, je considère que nous serons toujours une société, et j'espère une société prospère et honnête dans le vrai sens du terme. Et puis, au milieu d'un éclat d'acclamations prolongées et ravies, Eustace et sa femme s'inclinèrent et furent escortés jusqu'à la voiture qui les attendait pour les conduire à Pompadour Hall.

Au bout d'une demi- heure, ils franchissaient de nouveau les portes du palais d'où, moins d'un an auparavant, Eustace avait été chassé pour chercher fortune. Là, de chaque côté, s'alignaient les longues files de serviteurs, magnifiques de peluche et de poudre (car les domestiques de M. Meeson n'avaient jamais été licenciés), et il y avait à leur tête le gros majordome, Johnson, le même qui avait donné son message d'adieu à son oncle.

"Bonne grace!" dit Augusta en jetant un coup d'œil vers les marches de marbre, il y a six de ces grands valets de pied. Que diable vais-je faire avec eux tous »——

« Renvoyez-les, » dit brusquement Eustace ; "la vue de ces brutes suralimentées me rend malade!"

Et puis ils se sont inclinés et, sous le regard attentif de nombreuses paires d'yeux, ils se sont éloignés avec la dignité qu'ils pouvaient exiger pour s'habiller pour le dîner.

Le moment venu, ils se retrouvèrent à dîner, et quel dîner ! Il fallut une heure et vingt minutes pour passer, ou plutôt, les six valets de pied mirent une heure et vingt minutes pour transporter les plats d'argent. Jamais, depuis leur mariage, Eustace et Augusta ne s'étaient sentis aussi malheureux.

« Je ne pense pas que j'aime être si riche », dit Augusta en se levant et en descendant de la longue table vers son mari, lorsque Johnson eut enfin doucement fermé la porte. "Ça m'opprime!"

« C'est mon cas», dit Eustace; « Et je vous dis ce que c'est, Gussie, » continua-t-il en l'entourant de ses bras, « je ne supporterai pas d'avoir tous ces types infernaux autour de moi. Je vais vendre cet endroit et chercher quelque chose de plus calme.

Et à ce moment-là, une terrible diversion se produisit. Soudain, et sans le moindre avertissement, les portes aux deux extrémités de la pièce s'ouvrirent. Par l'un passaient deux énormes valets de pied chargés de café, de crème, etc., et par l'autre Johnson et un autre monstre en poudre portant du cognac et d'autres liqueurs. Et voilà Augusta, entourée des bras d'Eustache, absolument trop paralysée pour bouger. Juste au moment où les hommes arrivaient , elle s'enfuit d'une manière ou d'une autre et resta là, ressemblant à une idiote, tandis qu'Eustache avait les yeux rougis . En effet, les seules personnes qui ne montraient aucune confusion étaient ces magnifiques serviteurs, qui ne poudraient jamais un seul cheveu poudré, mais accomplissaient leurs rites solennels avec un visage parfaitement imperturbable.

«Je ne peux pas supporter cela», dit faiblement Augusta, lorsqu'ils furent enfin partis. "Je vais au lit; Je me sens assez faible.

"Très bien", dit Eustace, "je pense que c'est la meilleure chose à faire dans cette boutique sans confort. Mon Dieu, Short, pourquoi ne pouvait-il pas venir dîner ? Je me demande s'il existe un endroit où l'on pourrait aller fumer une pipe, ou plutôt un cigare. Je suppose que ces gars-là me mépriseraient si je fumais la pipe ? Il n'était pas permis de fumer ici du temps de mon oncle, c'est pourquoi je fumais dans la chambre de la gouvernante ; mais je ne peux pas faire ça maintenant »—

« Pourquoi ne fumez-vous pas ici ? La pièce est si grande qu'elle ne sent pas mauvais », dit Augusta.

"Oh, arrête tout ça, non", dit Eustache ; « pensez aux rideaux de velours ! Je ne peux pas m'asseoir et fumer seul dans une pièce de cinquante pieds sur trente ; Je devrais avoir le blues. Non, je monterai aussi et j'y fumerai.

Et il l'a fait.

Tôt, très tôt le matin, Augusta se réveilla, se leva et enfila une robe de chambre.

La lumière pénétrait à travers les riches rideaux de tissu doré, dont elle avait tiré certains. Elle s'éclairait sur les aiguières en argent massif, sur les fines tentures de dentelle du lit et sur les inestimables meubles marquetés, et jouait autour des visages des amours sur le plafond décoré de fresques. Augusta regarda tout cela et pensa ensuite au défunt maître de cette magnificence indicible alors qu'il mourait dans la misérable cabane du pays de Kerguelen. Quel contraste ici !

«Eustache», dit-elle à son époux endormi, «réveille-toi, je veux te dire quelque chose.»

«Eh! quel est le problème?" dit Eustache en bâillant.

"Eustache, nous sommes trop riches, nous devrions faire quelque chose avec tout cet argent."

« Très bien, » dit Eustace, « je suis d'accord. Qu'est-ce que vous voulez faire?"

"Je veux donner une bonne somme, disons deux cent mille, ce n'est pas grand-chose avec tout ce que vous avez, pour fonder une institution pour les auteurs en ruine."

« Très bien, » dit Eustace ; « Seulement, vous devez vous en occuper, cela ne m'ennuie pas. À propos, ajouta-t-il en se réveillant un peu, tu te souviens de ce que le vieux t'a dit quand il était mourant ? Je pense que les auteurs affamés qui ont publié chez Meeson devraient avoir le premier droit d'élection.

"Je le pense aussi", dit Augusta, et elle se rendit au bureau de Buhl pour élaborer sur papier ce projet qui, comme le public le sait, est sur le point de prouver une telle aubaine pour le monde des gribouilleurs.

"Je dis, Gussie!" » dit soudain son mari. «Je viens de faire un rêve!»

"Bien!" » dit-elle sèchement, car elle était occupée par son projet ; "qu'est-ce que c'est?"

«J'ai rêvé que James Short était un QC, gagnait vingt mille dollars par an, et qu'il avait épousé Lady Holmhurst .»

"Je ne devrais pas me demander si cela s'est réalisé", répondit Augusta en mordant le bout de son stylo.

Puis vint une autre pause.

« Gussie », dit Eustache d'un ton endormi, « es-tu très heureux ? »

"Oui, bien sûr que je le suis, c'est-à-dire que je le serais s'il n'y avait pas ces valets de pied et ces cruches d'eau en argent."

«Je me pose des questions», dit son mari.

"Pourquoi?"

"Parce que" - (bâillement) - " de cette volonté sur ton cou" - (bâillement). "Je n'aurais pas dû croire qu'une femme puisse être tout à fait heureuse" - (bâillement) - " qui ne pourrait jamais aller au tribunal."

Et il se rendormit ; tandis que, dédaignant la réponse, Augusta travaillait.

LA FIN.